La soledad
¿una cura o locura?

La soledad
¿una cura o locura?

Zuleima Virgüez

La soledad ¿una cura o locura?
Una obra de ***Zuleima Virgüez***

Edición: Grupo Olivo, C.A., Ciudad Bolívar, Venezuela.

Editor: María Amaya
Corrección: Adriana Mara Olivares
Diseño: Gretsy Yánez

ISBN: 978-980-7804-24-0
Depósito Legal: BO2023000004

Dedicatoria

A mis padres Cheo y Anita, por enseñarme valores.

A mi Ralph y Babi, grandes amores de mi vida.

A mi amiga Tanya, maestra maravillosa que me animó a publicar.

A mi hermosa Cuenca, ciudad hermosa para inspirarme.

Agradecimientos

A Dios, por darme paz.

A mis padres, por enseñarme valores y cuidarme siempre.

A mi madre Anita, por contarme historias.

A Raelvi José, por ser un maestro en mi vida.

A Bárbara, por ser una hija maravillosa, creadora en potencia.

A la educación venezolana, a quien le debo mi formación humana, cristiana y académica. Especialmente a las Misioneras del Divino Maestro, hermanas religiosas quienes influyeron grandemente en mí, y me presentaron al mejor amigo: Jesús Divino Maestro.

A mis queridos hermanos del alma: Eudo, Zulay, Lili y Lily. Compañeros, aliados y cómplices de aventuras en mi niñez y juventud.

A mis compañeros de trabajo de Bell Academy, personas valiosas que me enseñaron a convivir en una cultura diferente.

A los gigantes con el corazón de oro, la familia Bell Serrano, fuente de inspiración para escribir.

A la editorial Grupo Olivo, por estar en el momento oportuno.

A Yesmín Sánchez, por su Reto Escritor, quien me motivó a creer en mí.

A todos, ¡gracias!

Indice

Prólogo

Son muchas las satisfacciones que me ha dejado la labor como mentora de escritores que ejerzo desde hace un par de años. No obstante, pocas se pueden comparar con el honor de que una pupila como Zuleima Virgüez te pida que escribas el prólogo para su libro.

Considero que esa es la mejor muestra de afecto e impacto del trabajo que hago a diario en otras vidas y personas. Y es que cuando decidí, después de escribir mis propios libros, que mi propósito vital era ayudar a hacer los suyos y acompañarlos en la concreción de ese sueño, nunca imaginé que tendría la oportunidad de hacer un prólogo para una persona que representa la resiliencia y el crecimiento como Zuleima.

Por si fuera poco, la guinda del pastel fue el tema del libro que desarrolla la autora. La soledad como un síntoma que al final del día, nos recuerda la importancia del amor propio.

Recientemente leí una frase (sin autor identificado) que decía así: "Cuando dijeron que el amor lo cura todo, se referían al amor propio". ¡Vaya que es cierto! Nos pasamos la vida buscando la aprobación y el amor en otros, olvidando que frente al espejo está la persona con todas las claves para llenarnos de compasión, autoestima y virtudes.

Pero este libro es mucho más, ya que, en lo personal, me invitó a cuestionarme acerca de mi personalidad introvertida y los muchos "deberías" que rodean una forma de ver y relacionarse con el mundo. De hecho, al leerlo conecté inmediatamente con un video de la plataforma Platzi, en el que explicaban muy bien que la timidez o el miedo escénico no tiene nada que ver con ser extrovertido o introvertido.

Definitivamente no terminamos de aprender y conocer sobre nosotros mismos, jamás, y eso es algo que celebrar.

En este libro encontrarás una narración de una mujer que atraviesa diferentes duelos: el de emigrar, divorciarse, ver a sus hijos crecer y entender que también ella necesita desarrollar una identidad. Todo con sus toques de humor y cercanía, porque este tipo de historias son las que conectan con lo que somos, pero sobre todo, con lo que podemos llegar a ser.

Como una de las finalistas del Concurso Reto Escritor, Zuleima representa a esos autores genuinos y coherentes con su hacer y sentir que aprovechan las oportunidades para traernos este, su primer libro (esperamos que de muchos) pleno de historias y contenidos dignos de recordar.

Espero que disfrutes esta lectura tanto como nosotros lo hicimos al editarla.

Yesmín Sánchez

Introducción

Este libro fue un proceso de autosanación que se convirtió en una propuesta de reflexión, que espero sirva de aporte al mundo. Contar ese detonante en mi vida que me invitó a explorar mi niñez, mis valores y mis experiencias de adulta, busca brindar ese contexto de darnos cuenta de nuestro ahora. Durante mi reflexión, encontré en la escritura una estrategia poderosa para drenar y curar heridas, descubriendo que la soledad impuesta se puede convertir en una situación elegida, que brinda una maravillosa oportunidad para sanar.

Este libro te va contando, capítulo a capítulo, vivencias propias que he tenido que gestionar, esas que tuve que experimentar para reencontrar herramientas de mi formación formal, de las cuales no había hecho uso a pesar de conocerlas, y a la vez, me motivó a buscar otras en las redes, libros y videos para aprender a vivir en el presente y encontrar el *bien estar*. En estas próximas líneas, te brindo desde mi recorrido, la oportunidad de que puedas hacer uso de esas herramientas que fueron tan vitales en mi historia de vida y que sintetizo al final de cada capítulo. Siempre la invitación es a reflexionar cada una de ellas, pues quizás puedan servirte de inspiración o aprendizaje en lo personal o para alguien más, como lo fue para mí.

Es hermoso ver estas líneas y recordar todo el proceso que recorrí. Lo más hermoso es compartirlo contigo, por mi vocación de servicio como educadora. Creo fervientemente en la importancia de la formación del ser humano para respirar, disfrutar y enfrentar las vicisitudes de la vida desde esta postura. Honro a mi familia de origen, de quienes aprendí valores humanos.

Creo en la importancia de la familia, independientemente de los miembros que la conforman, y su base como raíces que me han sostenido en momentos difíciles. Mi intención, querido lector, es que puedas contrastar mis vivencias con las tuyas, y ojalá coincidamos en aportar más al mundo: "olor y calor de hogar"; cuidado a la infancia; sanando nuestro niño interior con amor propio y a los otros, aceptando lo que es, agradeciendo todo y reconociendo nuestro valor en general.

Este texto es una invitación a conocerte, a explorar tu niño interior, a escudriñar en tu autoconocimiento, en tu autoestima y amor propio. El poder identificar mis emociones y validarlas, durante mi historia, ha sido uno de los ingredientes para la autosanación. Esto quizás pueda motivarte a ti. Buscar la sanación propia fue toda una inspiración. Escribir este libro fue como si "lloviera a cántaros" muchas ideas para poder ayudar a curar a alguien más que pueda estar en medio de un proceso de soledad y "locura" como el que yo transité.

Cada capítulo se puede leer por separado y obtener de él un aprendizaje, aunque tiene un hilo conductor como proceso. Es una compilación de historias que ocurrieron y dejaron huellas en mí, afortunadamente, de crecimiento y de despertar de la consciencia. Espero que lo disfrutes tanto como yo lo disfruté escribiendo, y tal vez decidas que nos acompañemos con esta lectura en medio de una soledad elegida, junto a mi Tercera voz (@tercera.voz) de quien sabrás un poco más durante este recorrido.

¡Buena lectura!

Capítulo I

Un gran descubrimiento en mi vida

Un detonante en mi vida me invitó a explorar el tema de la soledad. Indagué, reflexioné sobre la soledad, y en soledad. Una vorágine de emociones me acompañaron a escribir, y en la medida que lo fuí haciendo, me descubrí y sané las heridas que encontraba en mi alma.

Quiero contarte, desde mi experiencia, cómo he curado mis heridas aprovechando la soledad en un proceso de autodescubrimiento. Se trata de sucesos de mi vida privada que deseo compartir porque creo que te pueden ayudar o quizás ayudar a otras personas.

Enric Corbera, experto en Bioneuroemoción1[1], dijo que: *"La soledad es una oportunidad que nos da la vida para conectarnos con nosotros mismos"*. Él menciona varios tipos de soledad: la soledad impuesta, la elegida, y hasta dice que hay una soledad patológica, que voy a ir describiendo. Además, refirió que hay otra soledad, que se puede sentir al estar abrumado por la gente. Yo a veces he experimentado esa sensación, es como si el bullicio me incomodara y por ende he tenido que alejarme para estar sola.

La soledad impuesta es la que pasa sin buscarla, por ejemplo, cuando los adultos mayores se quedan solos, porque sus hijos

---

1 Corbera,Enric. Aprender de la soledad.
https://www.youtube.com/watch?v=bQWL6gTTSjM&t=327s

hacen sus vidas y se van de casa. De paso, les llega el momento de jubilarse. Este tipo de soledad suele causar depresión si la persona no ha aprendido a estar consigo misma. Puede llegar a ser un desastre. Y puede aparecer también, cuando la persona se queda sola sin pareja por separación, divorcio o porque el compañero partió primero a otro plano. Ese fue mi caso, por eso pienso que debería llamarme Soledad. Pues no, mi pareja no partió a otro plano ¿o sí? En fin, bromeo, lo que quiero decir es que, me separé de mi pareja.

A mis 47 años me quedé sola, sin pareja y con una terrible incertidumbre de qué va a pasar. Más de veinte años viviendo al lado de un hombre y de repente ya no está, porque no quiero que esté más y, lo que es peor, porque no existe esa mínima chispa de esperanza de que voy a volver con él, por la amarga decepción que me impregnó en el alma. Sin embargo, no he podido evitar servir dos tazas de café y darme cuenta luego, que la costumbre no ha sabido de la separación abrupta que ocurrió. En este episodio de mi vida los libros y conferencias de Walter Riso pasaron a ser mis compañeros, ya les contaré más de ese tema.

Ahora quiero comentar sobre otro tipo de soledad, la elegida, que es esa que aparece en la vida porque sí, porque quieres, porque la eliges. Riso refiere que es un síntoma de madurez espiritual. Ahora he observado que mucha gente elige estar sola y es posible, que sea ese tipo de persona la que mantiene unas relaciones más sanas en su vida.

Lo ideal sería, dicen los expertos, que si nos quedamos solos por esa soledad impuesta, comencemos a coquetear con ella y realmente optemos por elegir la soledad para nuestra sanación, es decir, que se transforme de soledad impuesta en una soledad elegida. En medio de la locura que me acarreó la soledad con sus altos y bajos, ahora, creo que es una experiencia oportuna, que aproveché, para curarme desde mi interior.

Como te escribí antes, me quedé sola experimentando una situación muy difícil. Me llené de miedo, tuve mucho dolor y llantos por las noches. Es verdaderamente un sabor amargo. Todo eso aunado al cambio de empezar desde cero en otro país para vivir un nuevo proyecto de vida, situación que fue decidida, en un inicio en familia, para luego darme cuenta, de un momento a otro, que dicha decisión parece no haber valido la pena.

Yo me tomé en serio esto de emprender en otro lugar, con un nuevo proyecto familiar. Mientras, mi pareja no lo hizo con la responsabilidad y madurez que yo esperaba. Aunque ahora entiendo, que cada quien vive sus procesos de manera diferente y cada persona elige sus prioridades. Para él hubo otras prioridades, muy diferentes, que las vinculadas con nuestra familia y aunque parezca contradictorio, hoy me parece que eso está bien. Me refiero a que, yo no puedo controlar lo que a cada quien le hace feliz.

Este suceso ocurrió en época de pandemia y cuarentena, en el año 2020, un tiempo de cambios. En las redes sociales abundan muchos memes y chistes sobre las relaciones de pareja. Por ejemplo, como aquellos hombres que se vieron obligados a quedarse en casa más tiempo, de tal manera que no tenían el espacio y la oportunidad para dedicárselo a la otra, a la amante, a la diversión u otro calificativo que la gente le ha adjudicado a este tipo de relaciones clandestinas. Estas situaciones pasaron a ser motivos de burla o material para los buenos memes. Jamás pensé que ese iba a ser mi caso. Igual nunca me dieron risa tales jocosidades.

Ví en las redes y oí de mis compañeros de trabajo que las personas experimentaron otros cambios durante la cuarentena. Al parecer esas personas, se hicieron más conscientes de lo que estaba pasando, valoraron a la esposa, los hijos, los abuelos, en fin, la familia. La situación de incertidumbre que se presentó en ese momento hizo que muchos se concentraran en cuidar a los suyos. Yo por mi parte, valoré mucho tener un empleo, aunque nos redujeron un 25% del sueldo (a mí hija y a mí), igual me dió algo de tranquilidad, puesto que ya se escuchaba de la cantidad de gente desempleada por doquier. Sentí que el agradecimiento pasó a ser parte de mí vida. Y agradecí por tener salud, por tener casa y contar con comida. En medio de aquella situación, el hecho de estar encerrados pero con provisiones, fue un alivio para mí.

También, por supuesto, asumí con mayor consciencia, el valor de la vida, los hijos y la familia. Hice un grupo, en la plataforma WhatsApp, de la familia esparcida por el mundo, eso me dió una sensación de estabilidad. Allí estábamos: mis hermanos, sobrinos y mi mamá interactuando por ese medio para estar pendientes unos de otros. Fue un momento de suspenso por el desconocimiento de lo que iba a pasar; el tema de las vacunas, los hospitales abarrotados de casos en terapia intensiva y el sonido de sirenas de las ambulancias transmitía un ambiente de tristeza y de caos. Quizás por eso me dolió tanto la separación de mi esposo, por el contexto en el que vivíamos. El deber ser, para mí, en ese momento puntual de la vida era que la familia estuviera más unida que nunca, sólida, completa y cuidándose todos entre sí. Por tanto, ya no se trataba solo de la pareja, se trataba de la familia y las circunstancias inéditas que estábamos viviendo. Una pandemia. Estábamos encerrados en cuarentena y el miedo fue tema común de la cotidianidad.

Las noticias en Guayaquil fueron escalofriantes. Muertos por doquier en la calle por el coronavirus. Las familias no sabían qué hacer con los cuerpos de los fallecidos, porque las autoridades y funerarias no se encargaban de la tétrica situación, al menos eso se veía en las redes sociales. Los videos no paraban de llegar mostrando la crueldad y tristeza de quienes en las calles quemaban los cadáveres, parecía una película de terror.

Soy docente y, en ese tiempo como profesora, tuve que improvisar un aula de clase en nuestra sala. Luego pasé a trabajar en clases virtuales. Los días fueron largos y llenos de trabajo, no había horario planificado. A toda hora atendí las llamadas de padres, estudiantes y autoridades; fue un cambio repentino que necesitó mucha comunicación. La escuela donde trabajo, en ese momento, se tambaleó económicamente cuando los padres no pudieron cancelar las mensualidades, o pensiones como se dice en Ecuador, al ser una institución pequeña de propiedad privada y no podía sostenerse por sí sola.

Fueron días duros, la planificación de las compras domésticas fue toda una odisea y tuve que compaginar con la jornada laboral desde la casa, donde pasaba muchas horas seguidas frente al computador. Padecí dolores de espalda en el área cervical y mucha tensión muscular por el estrés. Salir a buscar alimentos fue un acto heroico sintiendo miedo al contagio. Alejarse de las personas, sospechar de todos aun usando mascarillas por temor, fue el pan nuestro de cada día.

Después de cada clase, en las pocas horas de descanso, me abrumó el pensamiento de la infidelidad, que me cayó como un balde de agua fría. Nunca imaginé que ese hombre pilar del hogar estuviera mintiendo en plena pandemia, caos y en una situación de migración encima, que sentí como un peso en la espalda.

La familia, un término del cual todos hablaban como lo más importante, la que hay que cuidar, se desplomó en mi entorno de un momento a otro. Aunque, ya mis hijos me lo habían asomado. Ellos se dieron cuenta del tiempo que pasaba su papá, como un adolescente, pegado a los mensajes de su móvil, les incomodaba, pero yo no le di mayor importancia, consideré que cada quien es libre para comunicarse… pensé yo. Ellos, mis grandes amores: Bárbara de 22 años, Raelvi José de 26 años, afortunadamente, ya son adultos, lo que me tranquilizó porque pudieron comprender mejor la separación de sus padres.

Sin embargo, la soledad me invadió pese a la compañía de mis hijos, del trabajo arduo que tenía, de las horas de capacitación que tuve que dedicar para enseñar en virtualidad y, a pesar de todo, sentí un enorme vacío. En mis adentros, sentí como la deshonestidad, infidelidad y deslealtad de mi pareja fueron látigos que maltrataron mi estabilidad emocional de manera ingente. El desamor me hizo probar las hieles de la decepción, del infortunio.

Recordar la infidelidad me asqueó y mi autoestima bajó a gran velocidad. Todo esto mezclado con la rabia y la impotencia, me dejó experimentar situaciones tormentosas.

La soledad, a veces, me asustó. Estar en la habitación, apagar los dispositivos electrónicos y quedarme conmigo ahí un rato, sabiendo que nadie va a entrar porque mi pareja ya no está. Al principio todo eso me produjo miedo. No toleraba mi mente, pensé que iba a enloquecer en el silencio. Busqué ver una película, revisar el teléfono móvil, escuchar música, pero me evitaba. Las pesadillas no se hicieron esperar, las palabras hirientes me acuchillaban el espíritu en esos sueños.

En ocasiones sentí que yo misma me hablaba. Me escuchaba decir: pero ve mujer ¿y qué te ha pasado que estás sola? ¿qué has hecho con tu vida? Tienes 47. Ese recuerdo de la edad me retumbó y enseguida me dió ganas de llorar, me sentí víctima, y comencé a culpar al otro. Son muchos los momentos, como este, que he vivido. Lloré tanto que llegó un espacio de tiempo en que las lágrimas se acabaron. Sin embargo, llorar me ayudó a sacar todo lo que tenía por dentro y, a veces, también culpar al otro y pensar mal de todos me sirvió como drenaje, pero ¡hasta ahí! Ya está. Me dije: te tienes a ti misma.

Pensé que ahí estaba yo, en medio de una pandemia, llorando porque le dieron una paliza a mi ego, porque me quedé sola después de más de 20 años de matrimonio, con mi familia lejos. Toda una tormenta en mi mente. Sin embargo, también me repetía frases positivas como: "Estoy sana", "estoy viva", "tengo empleo", "estoy completa"; aunque mi corazón lo sentía como un saco roto, pues la verdad, es que estaba de duelo, sintiendo el dolor normal de una pérdida y con la certeza de que el tiempo se encargaría de eso.

Un día, después de mi jornada laboral sentí que no podía respirar. Fue una ansiedad tan grande que me hizo pedirle a mi hijo que me acompañara a caminar. Lo que sentí fue un profundo temor a estar sola, a enfrentarme conmigo misma.

Raelvi, mi hijo, paciente y amoroso me acompañó. Caminamos bastante, a mi mente me vinieron palabras que quería escribir, recuerdo que enseguida, al llegar a casa plasmé en un escrito lo que estaba pensando y sintiendo:

> *"Querido tiempo, ya es hora que tengamos esa conversación pendiente. No me mires con recelo, recuerda que aquí tú has sido el inclemente. Ve y apresúrate con ese pegamento de dulzura ¿no ves que estoy rota? Ya sé que no es tu culpa, pero si ves con detalle verás que por cada ranura se me escapa lo más valioso que tengo. Hoy casi pierdo el equilibrio. Es que pasan, me tropiezan y tú ni siquiera miras. Ya sé que soy yo la que debo esquivar, también sabes que me canso de ser malabarista de la vida. Entiendo que no puedo pedirte que seas raudo, pero qué te parece si eres un poco más rápido. Anda sé diligente y por favor cambia tu mirada; así sabré que sigues siendo mi mejor aliado".* Amieluz[2]

Recordé, al releer mi escrito, aquel arte japonés llamado Kintsukuroi (金繕い), el cual consiste en reparar con oro líquido las pieza rotas de cerámica, dejando a la vista la reconstrucción. Un arte que claramente revela su relación con la resiliencia. Evidentemente, mi escrito fue una imploración al tiempo que me sanara, y que me reconstruyera. Era mi manera de decirle a alguien... que me dolía. En ese momento estaba encontrando en la escritura una manera de alivio y desahogo.

La soledad impuesta me acompañó. Hoy valoro la era de la tecnología porque tenemos la posibilidad de conectarnos para

2 Amieluz es un seudónimo que utilizo en algunos de mis escritos, es mi nombre, Zuleima al revés.

conseguir información y ayuda de manera expedita. A través de las redes conseguí las conferencias y libros de Walter Riso, escuchar, leer y comprender su conocimiento me hizo tomar la decisión de desconectarme, con valentía, de las redes de mi ex pareja para evitar contactarlo y no ver sus fotos en su nueva relación.

Repetí los videos de Riso una y otra vez cuando me invadió la melancolía. Esa información me dió fortaleza para seguir mi vida y asumir el duelo. Me encantó como este autor habla de la dignidad humana[3], esta frase me retumbó: *"Si tu dolor no me duele y tu alegría no me alegra, entonces estoy lejos de ti"*. Me hizo entender que si eso me estaba pasando tenía que tener dignidad y terminar la relación desde la raíz del corazón.

Durante este proceso de duelo, la escritura, mi formación y los valores que poseo, fueron parte de mi sostenimiento. Unos los use como estrategias y los otros me recordaron firmemente que mis principios no se negocian, mi Ser no lo permite, y eso me resultó congruente en la vida. Acudir a mi preparación como orientadora de conducta, recordar con Riso la terapia cognitiva conductual y leer sobre muchas técnicas de sanación me hizo pensar, a ratos, que no estaba sola.

Busqué en la meditación y oración momentos conmigo, en ese descubrimiento y autoindagación de lo que hay en mí. Además, me permitió observar lo que ha producido toda esta situación en mí vida. Implementé la respiración consciente que es una técnica sencilla y muy valiosa para llegar a la meditación. Cuyo secreto solo es tener constancia hasta lograr respirar conscientemente. Repetí y practiqué con dedicación la respiración consciente hasta conseguirlo.

En esa temporada, también encontré a un conferencista español llamado Borja Vilaseca[4], y parafraseando sus palabras en

3 Riso, Walter. La primera lección sobre el amor es la dignidad personal. https://www.youtube.com/watch?v=ce6UaS4XMRY

4 Borja, Vilaseca https://www.youtube.com/results?search_query=conferecista+espa%C3%B1ol+sobre+l+soledad

ese video dijo que: *"La soledad y esa situación en la que te sientes que te falta algo, realmente es un momento grandioso para revisarte, explorarte, autoconocerte y sanar a tu niño interior. La soledad es un refugio, un templo, un paraíso".* Borja termina la conferencia leyendo un poema de su autoría y plantea un ejercicio: *"Cuando echas de menos a alguien y sufres por haberlo perdido, tan solo recuerda que en realidad al que verdaderamente extrañas es a ti mismo, y no es para menos, al perderte en el otro, perdiste a su vez la conexión íntima contigo, lo que echas de menos es la sensación que sientes dentro de ti cuando estabas junto a esa persona, echas de menos una parte de ti que crees que sólo puedes experimentar a través del otro".* Luego invitó a realizar un ejercicio.

Me animé a realizar ese ejercicio que propuso Borja, consistía en respirar a profundidad y visualizar algún momento compartido con alguien a quien se echa de menos, en mi caso a mi pareja. Dejé florecer esa sensación que extrañaba para darme cuenta que en realidad no tiene que ver el otro, lo que extrañaba tenía que ver conmigo misma. De eso se trataba, de explorar y darme cuenta que podía encontrar en mi interior eso que extrañaba.

Al analizar esta experiencia, dejé de culpar a otros. Comencé a practicar y a buscar esa sensación que añoraba que siempre ha estado en mí. Necesitaba darme cuenta que yo podía estar bien sola. Estaba sorprendida del impacto que produjeron esas líneas en mí, porque me movió a enfrentarme con mi mundo interior, lidiar con mis demonios internos, dejar de hacerme la víctima, buscar la paz interior, el perdón y la sanación.

A veces pienso que la vida me trajo hasta Ecuador para sanarme, con el compromiso de ayudar a otros a sanar. Fui consciente de que me estaba haciendo la víctima y tomé la acción de cambiar esa situación. Todo esto me hizo descubrir que había perdido la conexión conmigo, así como también la de mi expareja, que ya no estaba presente en mi vida desde hace ya bastante tiempo. Afortunadamente descubrí algo más, que hay muchas herramientas que me pueden ayudar a disfrutar mi soledad elegida, dejar de ser víctima y aprender a ser feliz sola.

Ahora te presento estas herramientas que aparecieron en mi camino de sanación y, además, pienso y siento que te pueden ser útiles en situaciones complejas semejantes a las que viví:

- *Conocer y comprender* que podemos convertir la soledad impuesta en soledad elegida, para mi fue un aliciente.

- *Buscar ayuda* de especialistas aprovechando las redes y los medios. Esto hoy día es una ventaja.

- *Respirar conscientemente* y meditar porque ayuda a disminuir la ansiedad.

- *Caminar* solo o acompañado.

- *Escribir* lo que te está ocurriendo, para mí fue sanador.

- *Hacer el ejercicio* de respirar a profundidad y buscar sentir en el interior, revivir esa sensación que se extraña, practicar y practicar hasta que florezca, para luego entender que somos seres completos y podemos ser felices solos.

¡Hoy sigo en el proceso
de autodescubrimiento!

Capítulo II

Cómo me salvé de la locura

En medio del caos que estaba viviendo, caí en la tentación del uso de las redes sociales en búsqueda de compañía. Una locura vinculada a mi soledad impuesta. Te cuento, una amiga que está en Argentina, durante una conversación en línea, me sugirió que conociera hombres por una página web, y así lo hice. Ten en cuenta, que yo he enseñado a otros el peligro de hablar con desconocidos por las redes, sin embargo, esto no me impidió hacerlo. Y así a través de las redes, conocí a un señor amable, venezolano de Maturín. El hecho que tuviera mi nacionalidad, que conociera el pueblo donde nací y tuviera un mismo código de lenguaje me dio confianza. Un tipo aventurero que buscaba pareja estable. Un hombre caballeroso, chef, radiólogo, amante de las flores, el perfume, la familia, el vino, las mujeres y los halagos. Él fue quien me ayudó a sostenerme en días difíciles, tan solo con mensajitos agradables propios de esa primera etapa de romanticismo. Me conecté con él, estaba tratando de hacer apego con alguien.

Un día chateando recibí un mensaje de aquel hombre, que por el contenido, evidentemente no era para mí. Entendí que estaba comunicándose con otra persona. Fue un mensaje erótico que nada tenía que ver con las conversaciones que teníamos nosotros. Esa situación me desplomó otra vez, tal vez me lastimó la herida de la decepción y la mentira. Y tomé la actitud inmediata de bloquearlo en mis redes sociales. En consecuencia, decidí que en esta situación necesitaba buscar ayuda profesional, no estaba emocionalmente bien. Una amiga me agendó una cita con un psicólogo.

Acudí a la cita, entre otras cosas, me preguntó si estaba comiendo y durmiendo, dándome cuenta de inmediato que sí lo estaba haciendo. Pensé que en medio de todo estaba bien, me daba hambre, dormía y disfrutaba de mis hijos. El psicólogo me dijo algo que me produjo ruido: *"Estás bien, triste, es normal estar triste en esta circunstancia, anormal sería que estuvieras feliz".* Claro que estuve triste, claro que me sentí mal y ahí empecé a validar esa emoción.

Así es la vida, no siempre es felicidad, hay que validar las emociones para aceptarlas. Comencé a vivir mi pérdida, el duelo. Me imagino que para quien tiene otra pareja es más suave. El pensamiento de que fue a mí a quien abandonaron me quemaba por dentro, el ego de mujer dolida, rechazada, suplantada, comparada y sobre todo engañada, me perturbó y me produjo asco. Ahí estaba de vuelta la víctima, ahora la pude identificar más fácilmente. Estaba en la etapa de negación del duelo y el terrible "no puede ser".

Después, al pasar el episodio con el señor de sonrisa pícara, me di cuenta que urgía sanarme primero, antes de pensar en buscar compañía. Luego de esta reflexión lo desbloqueé, entendí que no fue su culpa lo que yo sentí. Luego, reiniciamos una relación de amistad con mensajes esporádicos, sin expectativas de algo romántico, se desarrolló una comunicación con respeto y cariño, a pesar de ese mensaje del cual nunca hablamos.

Ahora me doy cuenta, de cuánta importancia tiene en mi ser el autoconocimiento, el amor propio y la autoestima. Comparto de manera absoluta con el autor Walter Riso, que fortalecer la autoestima debe ser una asignatura de escuela, así lo repite en sus entrevistas y pienso que así debería ser en la realidad. Es decir, tener una "caja de herramientas" para el momento en que la autoestima se vea comprometida por un evento de vida. Me satisface que en mi rol como docente y como madre he cultivado la autoestima en los chicos. Al menos lo he intentado. Creo que el maestro o profesor no solo debe dar su asignatura, sino también, enmarcarla en los valores humanos, el autoconocimiento y la autoestima.

No obstante, al mismo tiempo, me di cuenta que mi propia valía estaba comprometida hace tiempo. En esos momentos, a solas conmigo, descubrí que viví por mucho tiempo con baja autoestima, permití muchas "cosas" que no debí por falta de amor propio e inseguridad en la relación matrimonial. También en esas revisiones me di cuenta que tenía apego a mi exesposo. Pienso ahora, que el apego es un síntoma que se traduce en falta de amor propio.

Reconozco que he observado en mi familia y conocidos que algunas mujeres han tenido la tendencia a callar situaciones abusivas para que el marido no se moleste, que no se enfade. Esto ha hecho que dejen pasar ese tipo de situaciones sin aclarar, y no hayan valorado su auto-respeto y confianza, por parte de ellas mismas, como pieza fundamental en la relación de pareja. En mi caso, poniendome de ejemplo, ocurrieron las infidelidades de mi esposo, eso no fue algo nuevo, ya había descubierto varias. La conducta que asumí en esas oportunidades fue separarme un tiempo y luego volvía a "perdonar" la infidelidad, así continuaba la relación con la infalible excusa de hacerlo por amor a mi familia.

Recordé, escudriñando en mi mente, que cuando éramos novios me dijo un día: "¡Vete a la mierda!". Eso me lo dijo en una época que vivíamos el amor romántico, ¡imagínense!, solo porque lo traté con sequedad pues me dio celos una conducta de él. Esa situación nunca la hablamos, tampoco me pidió disculpas y yo lo acepté de esa manera, sin más lo dejé pasar. Ahora ¿a quién culpo? Permití situaciones como esas y más… Hoy día me pregunto ¿qué habría pasado si yo lo mando a la mierda ese día?

Y ahora reflexiono: ¡Que bien me ha hecho esta soledad impuesta, a la que ahora elijo, para sanar mi vida! Sin importar el montón de años que han pasado. Me digo: ¿Qué importa el tiempo?, si me estoy sanando por dentro. Y definitivamente es lo que hubo en ese momento. Y me tocó hacerlo de esa manera. Creo que necesitaba aprender a ser asertiva y decir "no" en el momento preciso, para no volver a permitir cosas que no quiero. Tanto que escuché sobre asertividad... y a veces no la hice valer en mi vida de pareja por miedo al supuesto perder al otro.

Aunque debo confesar honestamente que no todo fue malo. Hubo historias lindas en esa relación, las que agradezco profundamente. El agradecimiento ha sido vital en este proceso de sanación. Fue y ha sido muy importante en esta situación, pero de eso también hablaré más adelante.

Te cuento otra situación, un tanto inaudita, ¡otra locura!, para una profesora que enseña a otros a cuidarse en las redes sociales. Conocí a otro sujeto que se hacía llamar "Patrick". Fue de casualidad por Facebook, entre tantos grupos que me metí para buscar compañía y quizás escapar de mi soledad, a pesar de que creí que ya había elegido la soledad para sanarme, fue impresionante lo que me hizo sentir los mensajes de "Patrick", fue ternura en pasta, llenos de amor.

Dijo que era un oficial de la marina de Estados Unidos de Norteamérica en una misión en Irak. Me contó su historia de desamor y el amor por su único hijo, que vivía con una niñera en los Estados Unidos. Fueron cosas que me despertaron gran curiosidad. Según las fotos que enviaba "Patrick", era un morenazo musculoso de 44 años con unos tatuajes que me hicieron amar tal arte, hasta pensé en ejercitarme, para luego hacerme uno y así darle a mi vida un toque de excentricidad.

Era muy contradictorio todo el contexto de su historia en relación con lo que proyectaba. Todo me parecía irreal y hasta mentira. Es decir, mi razón me alertó que pertenecía al tipo de personas con intereses ocultos, de los que embaucan por las redes. Sin embargo, mi corazón roto me gritaba que sus mensajes eran bálsamo para sus dolores. Un día me sorprendió porque había hecho una recopilación de mis fotos viejas, de mi cuenta en Facebook. Eso me produjo miedo. No obstante, como una adolescente enamorada no paré de leerlo. Esta situación me hizo recordar a Ángeles Mastrette, que dijo en uno de sus escritos: *"Me enamoré como toda mujer inteligente, como una idiota"*.

Ese ir y venir de mensajes me enseñaron que el amor está dentro de mí. Que soy yo quien elige sentir amor. Ahí estaba mi amor propio, como un fuego que me encendía de motivación cada día, comencé a ejercitarme y a querer sentirme bonita. Era mi amor propio que necesitaba rescatarse. Una noche, para mi sorpresa, "Patrick" me escribió para contarme que durante un patrullaje junto con sus compañeros encontraron una cueva de los talibanes que contenía oro, dinero, armas y demás pertenencias. Luego, después de contarme esta historia, dejó de hablarme y me mantuvo a la expectativa. Al cabo de un tiempo volvió a comunicarse y preguntó si lo había extrañado.

Eso lo identifiqué como un juego emocional que buscaba generar un apego de mi parte. Y una noche me dio la estocada final, creo que yo lo esperaba. Mi intuición femenina, experiencia y gran sensibilidad me dijeron que algo venía, un evento crucial, que desencadenó en preguntarme ¿qué buscaba realmente?, ¿era un estafador?, ¿un enfermo mental?, ¿quién era?

El mensaje llegó tarde en la noche, decía que estaba reunido con su capitán y compañeros. Mencionó que habían decidido quedarse con parte del botín y repartirlo. Me imploró que necesitaba confiar en mí y enviarme ese dinero para que lo guardara y así asegurarme que él vendría por mí para tener una vida feliz. ¡Sé lo que estás pensando! Yo también lo pensé. Mis hijos me lo dijeron, estaba cayendo en la locura.

De alguna manera, yo esperaba algo así. Solo que me aferré a esa emoción… que sentí al leerlo. Creo que sus relatos me inspiraban, aunque sintiera que eran mentiras. ¿Te imaginas lo que hice? Pues sí, ¡lo bloqueé! Y me quedé analizando el poder que tuvo en mí esas palabras "bonitas", lo que puede generar en otras personas, en las mujeres que se sienten solas, como yo, en ese momento.

Un tiempo después leí que era común que desconocidos escribieran ese tipo de mensajes de amor y apego para lograr generar confianza hasta desencadenar en estafas. Aunque he tenido conocimiento de personas que han hecho pareja duradera a través de las redes sociales, yo viví en carne propia que eso no siempre es así. Evidentemente ese no era el caso de "Patrick". Son delincuentes en las redes.

Por otra parte, esa etapa de mensajes con "Patrick" coincidió con el regreso definitivo de mi expareja a Venezuela. Estábamos separados hace bastante tiempo, pero vivía cerca. Nuestros hijos, Bárbara y Raelvi salían con él y una vez hasta vino a visitar a mi hija enferma en el apartamento donde vivimos. A fin de cuentas, no me afectó su partida. Mis hijos si se afectaron, lloraron. Lógicamente estaban dolidos y yo lo tomé un poco más a la ligera, pues estaba entretenida con una ilusión, un chico de "humo" como dice una canción del cantante Enmanuel. Me imagino, que en ese momento, evadí la realidad.

Con todo lo que te he contado, que me ocurrió en este periodo que he catalogado como tiempo de "locura", reflexiono cómo fuí haciendo descubrimientos personales, que luego, comprendí me salvaron durante este caos. He aprendido y puesto en práctica estos hallazgos personales a los he llamado herramientas, que influyeron en aumentar mi autoestima. Ahora quiero compartir contigo cuáles son esas herramientas salvadoras:

- *Préstate más atención* y aprende a conocerte más aún. Autoconocimiento.

- *Reconocer* que, en situaciones semejantes a las que yo viví, estas viviendo un proceso de duelo.

- *Estar dispuesto* a solicitar ayuda profesional de un psicólogo, psiquiatra, terapeuta o guía.

- *Identificar y validar* las emociones como la tristeza durante este proceso de duelo.

- *Reconocer e identificar* cuándo estás en modo víctima, para poder gestionar.

- *Tener, más claro,* lo que no estás dispuesto a negociar y así poner límites definidos de manera oportuna.

- Tener en primer plano, siempre, *tu amor propio.*

- Así como también, *desarrollar y aplicar la asertividad* en tus relaciones y vida cotidiana.

- *¡Y hacerte más consciente!* Cuidarse de los desconocidos en las redes sociales, hacer caso de la intuición.

¡Aquí sigo redescubriéndome
a mis 47 años, en mi soledad elegida!

Capítulo III

Mi niña interior y los ángeles en mi vida

Desde mi experiencia creo que la soledad es vista de manera negativa. En las escuelas donde he trabajado, por ejemplo, cuando los profesores vemos a un estudiante solo nos preocupamos y a veces erróneamente lo etiquetamos de poco sociable o asocial. Por otra parte, no sé si te ha pasado, cuando he visto a una persona sola en algún lugar público me ha hecho ruido y me pregunto: ¿Qué hará ese ahí, solo? Hasta me ha generado un poco de miedo y asumir conductas de cuidado. La soledad, en algunos casos, la he percibido como algo que no está bien.

Ví a un conferencista en esos días. Él dijo en su ponencia que la soledad ha estado asociada con el castigo. Dio ejemplos claros de conductas puntuales que tienen los niños en su relación con los padres o viceversa, lo cual creo que es la realidad de muchas familias. Por ejemplo, cuando se les dice a los niños: "¡Vaya a su habitación a reflexionar solo!", de manera imperativa. Yo lo que le quiero decir es que piense en lo que ha hecho. Pero otros individuos suelen repetirlo en la crianza con carácter punitivo. Lo he visto en algunos padres de estudiantes que he tenido. Por mi parte, recuerdo la escuela de mi época, la maestra castigaba al estudiante que se portaba mal y le decía: "¡Te quedas sin recreo solo en el salón de clases!". Aquello fue una experiencia terrible.

En 23 años que tengo como docente, también he visto cómo la

mayoría de los niños le temen a la soledad, a estar solos en el recreo. Creo que para ellos encontrar a un amigo que les acompañe a comer y jugar en el recreo puede ser un disfrute y disponer de esos minutos para apartarse de las tareas, la maestra y del deber, es una fiesta.

Esto no quiere decir que estar solo esté mal, sino que el recreo significa algo importante en la vida de los niños, es un compartir divertido con sus amigos y compañeros. Sigo pensando que el recreo es un respiro de libertad y alegría. Hasta en la etapa de bachillerato reclaman su derecho al recreo y cuando les pregunto: ¿Qué es lo que más te gusta de la escuela o colegio?, siempre he encontrado que la mayoría dice algo relacionado con el recreo o una situación vinculada con un amigo en el receso.

Según Gardner[5] la persona con inteligencia intrapersonal es capaz de identificar una emoción, se conoce y puede buscar herramientas que le permiten gestionarla, bien sea conversando con otras personas o saliendo a caminar solas, aislándose para hacer introspección.

Las creencias que asocian la soledad con castigo o con algo negativo, me hizo pensar alguna vez que quedarse solo está mal. Ahora lo veo de otra manera. Hay personas que poseen una inteligencia intrapersonal que se manifiesta en conductas de aislamiento porque les gusta el silencio, pues es una manera en que ellos se conectan con su interior, disfrutan de su imaginación y de lo que les gusta. Quiero destacar que esta conducta puede ser totalmente sana. Y por eso, parafraseando un poco a Gardner, es necesario recordar que existen personas con éste tipo de inteligencia que suelen ser "solitarias" porque necesitan acceder a sus sentimientos y emociones para reflexionar sobre éstos de manera más frecuente.

Ahora haciendo conciencia, comparando y recordando mi niñez y mi época del colegio, me doy cuenta de que a mí me ocurrió lo contrario. Desde niña tuve la tendencia de alejarme, para

5 Gardner, Howard. https://concepto.de/inteligencia-intrapersonal/

estar sola. He logrado identificar que tengo inteligencia intrapersonal y debido a esta condición he podido reflexionar sobre todo lo que siento, quizás por eso he escrito este libro. Este reconocimiento me ha permitido hablar con mi "Zule" niña y abrazarla de manera consciente. Te pregunto: ¿Cómo fue para ti la niñez?

Después que estudié la maestría en Orientación conductual, descubrí conductas de mi niña interior que no había identificado antes y que, ahora más en este tiempo de soledad elegida, le he sacado mucho provecho. A esa formación le debo mucho, he podido encontrar respuestas a muchos de mis miedos. Además, me ayudó en la crianza de mis hijos.

Recuerdo que cuando era niña me enfermé mucho por padecer de asma. Y esa misma sensación de asfixia, de no poder respirar, es la que he padecido en situaciones de ansiedad durante todo este proceso. Ahora creo que "mi asma infantil" fue más ansiedad que otra cosa. Recuerdo que mi mamá me dio cuanto "menjurje" le decían que era bueno para el asma, hasta llegué a tener un anillo hecho de cola de armadillo o cachicamo, como lo llaman en Venezuela. Al parecer era un remedio efectivo para el asma, solo con portarlo.

Mis padres estaban tan preocupados por mi padecimiento, que un día me pusieron a orinar en una fruta del árbol de taparo. La tapara es un fruto no comestible con cáscara dura. Es tan fuerte que se suelen hacer utensilios de cocina con ella. Puedes elaborar tazas, cucharas de tapara, solo con abrirla y sacarle lo que contiene; su pulpa es amarga y tóxica, te cuento por experiencia propia, un día quise verificar y la probé... casi muero. Lo cierto es que mis padres abrieron una fruta de taparo y crearon un envase, oriné dentro, la cerraron y colgaron en un árbol de guayaba que estaba en el patio de la casa. Hubo que esperar no sé cuántas noches o serenos para que hiciera efecto y así ayudarme a quitar el asma. De igual manera, me llevaron al médico y me administraron medicamentos. Finalmente, entre los catorce y quince años de edad le "dije adiós al asma". No sé cuál fue la cura definitiva, pero sin duda, todo el cuidado de mis padres ayudó en gran medida creando una medicina perfecta para mi.

Fui una niña muy atendida por mis padres. Lo hicieron de manera esmerada, me mimaron y prestaron mucha atención durante los periodos de enfermedad. Parece paradójico, pero recuerdo esas situaciones de enfermedad con tanta alegría que hasta creo que me gustaba sentirme enferma para obtener más atención de ellos. Ahora reflexionando, pensé que en algún momento ya había sanado algunas heridas de mi niñez, pero luego me di cuenta que viviendo otras experiencias durante este proceso no había superado esas heridas en su totalidad.

Como les había contado en un capítulo anterior, a los 44 años de edad decidí migrar de mi país. Soñando en un mejor futuro para mis hijos, llena de miedo, pero con la clara convicción de haber hecho lo correcto. Y nos mudamos a Cuenca, Ecuador. Fue difícil al principio, aunque conseguí empleo a los quince días de haber llegado, cosa poco común en los inmigrantes, pues me han referido que tardan mucho más tiempo en conseguir un trabajo. Siento que tuve una especie de suerte, por la rapidez en que conseguí empleo, porque una amiga de mi hijo (a quien le agradezco) me dio un contacto para desempeñar labores domésticas, ese fue mi primer empleo como inmigrante. Para iniciar, me desempeñé en una casa de familia, ayudando en las labores domésticas, con una pareja joven con hijos trillizos.

Allí aprendí muchísimo, siento que crecí como persona. Hubo varias situaciones que me tambalearon durante el ejercicio de este oficio. Te cuento, los niños, eran los que mandaban, ellos no permitían que me sentara a la mesa a comer si estaban presentes, debía esperar que ellos subieran a descansar para poder comer sentada a la mesa. Y además, en la casa de la abuela de los niños, me indicaron que las empleadas no podían hablar, parece que es costumbre no permitir a las empleadas conversar, opinar o emitir algún comentario.

Esta experiencia me pareció una situación tan arcaica, como

de la época de la colonia y esclavitud; sin embargo, me aferré al pensamiento que todo es pasajero y, definitivamente, cada familia es un mundo. Recordé los estilos de crianza aprendidos en mi maestría, y me di cuenta que en esa familia donde trabajaba prevalecía un tipo de estilo de crianza permisivo. Pero entendí también, que mi rol en esa casa no era ayudar en esa circunstancia, y por tanto acepté y respeté tal situación.

Creo que mi relación con los niños, en general, siempre ha sido en el rol de autoridad: como educadora, maestra, profesora, madre o tía; y esa posición de empleada doméstica, sin poder, contrastó en mi visión de la vida; eso me hizo sentir, a ratos, muy mal. Aunque confieso que en privado conversaba con los niños, con mucho cariño, tratando de dejarles alguna enseñanza, y me aliviaba con eso.

Un día con una fuerte determinación, cansada de trabajar tantas horas seguidas, y porque me afectaba emocionalmente, decidí retirarme del trabajo, ya que me sentía agotada en esa eventualidad laboral, pero sólo después de haber reunido dinero para la visa temporal. Mi esposo, en ese momento, se había quedado en Venezuela arreglando unos documentos y supongo, por los resultados, que también estaba aprovechando y disfrutando su soltería.

Con miedo de quedarme sin dinero comencé a revisar grupos de empleos. Leí un anuncio donde solicitaban una maestra de ceremonia. En Venezuela había tenido algunos programas de radio, tenía experiencia en locución y fui unas cuantas veces maestra de ceremonias en graduaciones. Este empleo se trataba de maestra de ceremonias en bodas y animación de orquesta. No sabía exactamente de lo que se trataba, pero me postulé enviando un hermoso audio.

Al día siguiente me llamaron, enviaron la ubicación del lugar y me lancé a la aventura para ganar unos dólares que necesitaba para asegurar la comida de unos días. Fue una experiencia increíble.

La primera parte de la actividad era recibir al cortejo nupcial en el lugar de la celebración. Lo hice muy profesional, fue un bello momento. Aunque cuando dije: Muy buenas noches, todos los presentes voltearon a mirarme. Sentí que se me congelaron las piernas, el pánico me invadió. En mi mente me tranquilicé, pensé que si hablaba en público en el colegio, donde trabajé por años, también podía hacerlo ahí. Pensé también en mis hijos, en que tenía que garantizar algo de alimentos hasta que alguno de ellos pudiera cobrar y aportar en casa. Continué con tanta fuerza de voluntad que yo misma me sorprendí.

Luego, me dijo el dueño del local que al comenzar la fiesta tenía que animar junto al DJ, así como también, durante la animación de la orquesta. Pero esa animación fue de un video que proyectaron en una pantalla con la interpretación de la música que sonaba y yo debí animar como si se tratara de una orquesta en vivo. Esa situación me desenfocó y me quedé en blanco, no sabía qué hacer. El amable muchacho DJ, se me acercó y me dijo las frases que podía decir, creo que repetí ¡qué vivan los novios! unas mil veces. Bailé hasta las dos de la mañana para mantenerme activa, solo me dieron agua. Me pagaron y al salir estaba sola esperando un taxi, en medio de un frío que helaba mis manos y rostro. Se me volvió a acercar el DJ, me pidió que lo ayudara a recoger los equipos y me dijo que luego podía llevarme. Con gusto me dispuse rápidamente a recoger todo, después me llevó hasta la puerta del apartamento. Respiré profundamente con alivio al cerrar la puerta. Todo salió bien.

Me contrataron un par de veces más. Ahí aprendí que los chicos acordaron esconder comida y tragos para comer y beber disimuladamente, para así mantenerse activos durante la fiesta. Esa situación me recordó mis largas noches de guardia cuando fui enfermera, con la diferencia de que nunca había sentido tanto frío.

Acepté tomar licor durante la jornada, para mantenerme activa como todos. Llegó un momento que ya no me gustaba entrar en casa de madrugada oliendo a alcohol. Además, mi querido compañero DJ quiso "pasarme factura" por ser tan atento conmigo. Comprendí que esto no era lo que buscaba en este país.

En esta etapa tuve que echar mano a toda mi formación en valores que recibí en casa, y en las escuelas que complementaron mi educación. Reflexioné que esta vida de trabajar de noche y tomar licor en estos eventos no podían ser la solución a mi situación. Entonces, acepté que es válido pedir ayuda y empecé a escribirle a personas que me pudieran ayudar.

Afortunadamente me encontré con una pareja de ángeles en las redes sociales, porque yo creo que hay ángeles en la Tierra. Resulta que la pareja pertenece, al igual que yo, a la organización internacional del Rotary[6]. Hay una frase célebre de esta organización que reza: *"Dar de sí sin pensar en sí"*, y fui invitada a dar a conocer mi testimonio sobre la migración a Ecuador.

Un tiempo después colaboré en liderar un programa de ayuda para venezolanos en Ecuador. Durante el proceso les pedí, con el corazón en la mano, que me ayudaran a conseguir empleo en mi profesión como docente. No tardó en llegar una llamada de la dueña de un colegio particular, quien me entrevistó y de inmediato me dio el empleo. Es una mujer maravillosa, gigante en tamaño y en sabiduría, quien vivió en carne propia la migración, es la rectora del colegio que me abrió las puertas. Ese día sentí una mezcla de alegría y tristeza, por fin conseguí mi sueño. ¡Había conseguido empleo como docente! Esta experiencia me enseñó que pertenecer a una organización internacional de ayuda al prójimo abre puertas. En mi país tuve la oportunidad de ayudar y ahora me tocó que me ayudaran. Definitivamente la vida es dar y recibir.

Luego comenzo mi labor como docente y, la verdad, nunca había vivido un clima laboral tan estresante a nivel de relaciones interpersonales. Considero que no tenía ni la remota idea de que en cada lugar y en cada cultura tiene su forma diferente de convivir, solo lo aprendí viviendo la experiencia. En consecuencia cometí muchos errores.

---

6 Rotary Internacional . https://www.rotary.org/es/about-rotary

Uno de esos errores sacó a la niña que llevo dentro. Fue una situación difícil de enfrentar a mi jefa, después de que me descubrió en una mentira tonta, pero mentira al fin. Circunstancia que puso en tela de juicio mi proceder como educadora. Sentí miedo como cuando me daban esos ataques de asma en mi infancia, creí que había perdido el empleo. Para mí, en ese momento, perder el empleo significaba quedarse sin casa y comida, situación aterradora para mí como inmigrante. Mis hijos no tenían empleos estables. El tema de arreglar los documentos me generaba angustia por la inversión y el estrés que producía el proceso. Lloré y quise estar enferma como cuando era niña, y quizás recibir atención y cuido como la que me daban mis padres en aquel entonces. Esta situación me hizo dar cuenta que había algo que debía sanar, porque ansiaba tener a mis padres cerca. La situación pasó, y pedí perdón en ese momento. Mi jefa se comportó como el gran ser humano que es. La nombré como un ser gigante con corazón de oro. En esos días se me revolvieron los sentimientos de mi niñez.

En ese tiempo, me sentí sola nuevamente, mis hijos trabajando todo el día y casi no los veía, y con el poco tiempo que tenían descansaban y se quejaban de sus propias dificultades. Cada día sentía que la soledad me invadía y pensé, nuevamente, en querer estar enferma para ser cuidada por otros. Simplemente sucumbí, no me quería levantar de la cama.

La situación que ocurrió luego, como pedírselo a un genio en su lámpara mágica, fue que bajé un escalón y se me dobló el pie derecho. Sentí un dolor como un pellizco, pero de gran intensidad en el tobillo derecho, no le presté atención en ese momento. Pero al llegar a casa tuve que subir un piso por las escaleras y el dolor se acentuó.

Al día siguiente no me pude levantar, el pie lo tenía inflamado, abultado y redondeado, lloré como una niña. Nuevamente sentí que estaba abandonada a mi suerte, sin dinero y todavía no tenía seguro de salud en el trabajo. Ya estaba enferma, no pude caminar. Comprendí que yo había creado esa situación para, de alguna manera, volver a sentir que alguien me socorriera y resolviera todos esos malestares que sentía en mi trabajo.

Mi "niña interior" quería atención, cuidado y amor. Mi hija llamó a una ambulancia por cuanto no podía bajar las escaleras. Recibí atención, me vendaron y me sentí mejor emocionalmente, pero aún persistía el dolor en el pie. Fue así como decidimos ir al hospital donde atienden extranjeros, agradezco eso profundamente. Allí me encontré con otro ángel, que me atendió con mucho cariño, alivió mi dolor, me hicieron una placa de rayos X y efectivamente no había fractura, pero sí era un esguince grado III en el tobillo derecho. Por tal diagnóstico me dieron en total seis días de reposo.

Esos días de reposo los aproveché para indagar, investigar y revisar mi niña interior. Descubrí hechos pasados en mi vida que yo misma había creado, como este actual. Me hice consciente y vuelvo a tomar acciones para dejar de sentirme víctima.

También durante ese tiempo leí, escuché audiolibros y observé videos de otras personas influyentes como: Mabel Katz[7] y su técnica de sanación el Ho'oponopono, Paola Angelical[8], Ismael Cala[9], Bucay[10], Francisco Jiménez y su Círculo de Realización Personal[11], Suzzanne Powell[12].

Toda esta gente maravillosa trabajando en el despertar de la consciencia han aportado y hecho de este mundo algo mejor, unos ángeles. Parte de esas enseñanzas fueron protagonistas en mis días de reposo. En esa época, comprendí que mi vida había transcurrido como si usara unas gafas sucias que me impedían ver con claridad lo que me sucedía, y luego de repente, conseguí un paño seco con el cual limpie "los cristales de mi visión", mi

7 Katz, Mabel. Ho'oponopono https://mabelkatz.com/espanol/

8 Paola Angelical. https://paolagutierrezcoach.com/

9 Cala, Ismael. https://ismaelcala.com/

10 Bucay, Jorge. Libro: Vivir , soltar y aprender.
https://www.youtube.com/watch?v=GTeK1c9jgRE

11 Jiménez, Francisco .http://mi.mundocrp.com

12 Powell, Suzanne. https://suzannepowell.blogspot.com/

manera de ver la vida. Reflexioné y pensé de cómo, paradójicamente, un esguince grado III había traído sanación a mi vida. Te pregunto: ¿Te ha pasado algo semejante en tu vida para "limpiar los cristales de tu visión"?

Creo en la formación del ser humano, creo en la importancia de comprender el poder que tienen nuestros pensamientos. Hay tanto que leer para entender que hay que cuidar la infancia, no tenía ni la remota idea de la importancia de "despertar mi consciencia" en este ahora y así ponerme en marcha con esta nueva mirada. Con este nuevo conocimiento siento que debo gritarlo al mundo o escribirlo, por eso te quiero motivar para que revises las heridas de tu niño interior y puedas gestionarlas con la ayuda de las herramientas y autores que te he mencionado.

Navegando por internet me topé con un artículo de la psicólogo Clara Clemente[13] que tiene un ejercicio que me pareció muy importante e impactante, que ahora en este momento te invito a leer y poner en práctica. Para ello busca un sitio tranquilo, donde no te vayan a interrumpir, toma asiento cómodamente:

> Toma tres respiraciones profundas, lentas y relájate... Puedes cerrar los ojos, si es tu preferencia. Ahora, recuerda tu etapa de la niñez. ¿Cómo eras cuando tenías aproximadamente ocho años de edad? Trata de visualizar cómo eras físicamente y, si te cuesta, puedes mirar alguna foto para refrescarte la memoria y captar todos los máximos detalles posibles. Con ese recuerdo fresco, imagínate a ti mismo de pequeño en tu habitación solo, ¿qué hacías cuando estabas en tu cuarto a solas? Imagina aquella etapa de la niñez, ve al pasado y recuerda cada detalle. ¿Qué muebles había en tu cuarto? ¿De qué colores eran? ¿A qué jugabas?

13 Clemente,Clara. https://lamenteesmaravillosa.com/sanar-a-nuestro-nino-interior/.

> Cuantos más detalles reales instales en la imaginación, mayor efecto tendrá el ejercicio. Visualiza a tu niño con todo cuidado y detalle. Ahora imagínate a ti mismo como eres hoy día. Imagina que estás entrando a la habitación que tenías cuando eras pequeño. Abres la puerta y ves a un niño cabizbajo e inseguro. Ese niño eres tú, cuando eras pequeño. En la habitación estás tú, tal y como eres ahora, acompañado por tu niño de la infancia. Acércate a ese niño herido, sensible, temeroso y pregúntale qué le pasa. Ahora, tu yo adulto puede comprenderlo, besarlo, abrazarlo, darle protección, apoyo y amor... Hazlo, trátate como te hubiera gustado que te trataran en la niñez. Dale cariño y comprensión, abrázalo fuerte y dile que a partir de ahora estará a salvo, que lo cuidarás y lo aceptarás como se merece. Juega con él, diviértete, deja que salga su espontaneidad. Sigue imaginando y visualizando que te llevas a tu niño interno a donde le apetezca. ¿A dónde deseabas ir cuando eras niño? ¿Qué capricho deseabas y no pudiste tener? ¿Qué afectos te faltaron? ¿Cuáles fueron tus afectos más queridos? Ahora, tú puedes darle a tu niño lo que desee. Y cuando ya tu niño interior se sienta motivado y alegre, vuelve a la habitación. Déjalo allí a salvo y despídete de él, diciéndole que cada vez que te necesite irás a ayudarle para comprenderlo y darle amor. Ahora, abre los ojos y respira profundo...

Este ejercicio sirve para sanar las heridas del pasado. Ahora tu Yo adulto puede conversar y acariciar al niño que fue, usando la imaginación.

A mi me ayudó a sanar muchas tristezas de mi niñez. Aunque

sé que fui querida por mi familia, yo me enfermaba para, de alguna manera, sentirme protegida, porque sentía que mis padres no me atendían lo suficiente. Cuando yo realicé este ejercicio, abracé a mi niña interior y le dije que todo está bien en esta nueva ciudad, en este país donde mi Yo adulto decidió vivir. En ese momento sentí que mi niña interior aceptó que mis padres ya no están cerca, pero que ahora estaba mi Yo adulto para ayudarle y acompañarla. Ya ellos, mis padres, hicieron un hermoso trabajo de crianza con valores en mi niñez, el cual agradezco infinitamente.

Escudriñar en el pasado de mi niña interior me ayudó a explorar en mi inconsciente, en esas heridas que dejaron huellas, heridas que se convirtieron en creencias limitantes que me impedían obtener un bienestar pleno en este proceso de sanación. Estas historias de experiencias vividas, me sirven para concluir que:

- *Cuando cometemos errores, es sano reconocerlos y pedir perdón.* Y así evitar el autocastigo. Al contrario, es necesario fortalecerse a través del aprendizaje adquirido para seguir adelante.

- *Poner en práctica los valores aprendidos* en la formación familiar y formal educativa ayuda a protegernos sobre cualquier miedo. Además da paz sentir congruencia con lo que soy y hago.

- *Aprendí que hay múltiples inteligencias como dice Gardner.* Por lo tanto comprendí que no es posible etiquetar a los niños ni adultos sin explorar más allá del porqué de sus conductas, ahora soy más cauta al emitir un juicio. Solo los observaría más atentamente por si necesitan ayuda.

- *Reconociendo ahora la importancia del recreo* en la vida de los niños, para mi es necesario contribuir a que disfruten "lo mejor de la escuela", así tendremos futuros adultos más felices.

☑ *Creo que hay ángeles por todas partes* con deseos de entregar su ayuda, como los amigos de mis hijos, los socios del Rotary, mis propios hijos, algunos compañeros de trabajo, los mentores que conseguí en línea, y mi propio Yo adulto... a todos gracias, por eso, te invito a que no pierdas la fe en ellos.

☑ *Me hice consciente que el dar y recibir* se convierte en un ciclo repetitivo virtuoso, yo creo que lo que das recibes, apropiatelo, hazlo tuyo.
☑ *Es válido pedir ayuda,* que el miedo no te frene. Eso lo aprendí cuando busqué con mucha incertidumbre a representantes del Rotary Internacional.

☑ *Pertenecer a una organización internacional abre puertas* donde te encuentres. Pertenecer a estas instituciones puede resultar útil, de alguna manera pueden ayudar y respaldar en puntuales situaciones complejas que afrontemos en la vida. Es parte de esa consciencia del dar y recibir.

☑ *Aprendí y comprendí que cada familia tiene un estilo de crianza* y sus miembros se comportan según lo que hayan aprendido de sus ascendientes.
Ahora, para mí, las personas "no me hacen cosas", simplemente, hacen cosas de acuerdo al estilo de crianza, sus creencias y su cultura.

☑ *Permanecer en formación constante* me hace comprender que con ese nuevo conocimiento y nueva conciencia puedo gestionar las dificultades de la vida más fácilmente. ¡Te invito a practicarlo!

✓ *Escudriñar en mi niña interior* benefició a mi adulto actual. Me ayudó a identificar mis creencias limitantes que me impedían sanar las heridas del pasado para poder avanzar en este presente. Para mí fue muy útil, inténtalo.

¡Espero que te sea de utilidad mi experiencia compartida!

Capítulo IV

Los maestros del camino

Antes de que mi esposo llegara a Ecuador, y mucho antes de nuestra separación, había experimentado la soledad. Ya estando en Ecuador, él vino una vez y se fue a los meses a organizar documentos en Venezuela, luego al cabo de seis meses volvió a Ecuador y después regresó nuevamente a Venezuela. Él nunca se deslindó de nuestro país, ni de su vida por allá. Pienso que él estuvo obligado aquí con nosotros. En ese momento no lo vi tan claro como ahora.

En esa etapa de soledad impuesta donde, inconscientemente, servía dos tazas de café y dormía en una parte de la cama, dejando el espacio a mi expareja, lo sané con la aceptación de mi situación. Comprendí que las relaciones se acaban, así como también la etapa del dolor y la rabia. Las costumbres cambian. Todo, absolutamente todo cambia.

También descubrí que ante las situaciones de miedo hay que llenarse de amor, y lo experimenté en mi trabajo. Comencé a experimentar mas amor, a sentir amor por todos mis compañeros, y me reté cada día a tratar de comprenderlos. Me habitué a mirarlos como los seres humanos que son, observando y resaltando siempre sus fortalezas y las conductas que me parecían positivas.

Querer y entender a mi jefa, mi escuela, mi sitio de trabajo, mis estudiantes, mis vecinos y amar esta nueva tierra, me hizo sentir mejor. Sentimientos que fueron generando un sentido de pertenencia tan necesario para mí como inmigrante. Esto lo hice minimizando las cosas que me parecían diferentes y maximizando lo que tenemos en común. Estaba experimentando un sentimiento de pertenencia a una comunidad.

Le escribí un cuento a los compañeros de trabajo de la escuela, que nació aún estando en compañía de mi esposo. Recuerdo que era sábado y yo quería salir a recorrer la ciudad. Cuenca es una hermosa ciudad de Ecuador. Tiene una impresionante arquitectura semejante al estilo de construcción española, hay verdes parques, calles de adoquines, ríos que atraviesan la ciudad. No solo uno, sino cuatro ríos, cosa maravillosa que me encanta. Puentes que adornan en varios lugares. Hay museos y sitios interesantes para visitar, plazas y teatros.

Ese día le describí a él lo que me encanta de Cuenca y lo animé a salir. Su respuesta fue un seco y contundente no. Una respuesta que entendí un tiempo después. No quise salir sola y comencé a escribir el cuento: La tierra de enanos y gigantes. Al terminar esa misma tarde de sábado se lo enseñé a mis hijos, quienes celebraron el hecho. También se lo mostré a mi esposo, quien tuvo una opinión que no esperaba, fue parco, no le dio importancia. Yo estuve feliz con mi pequeña creación, parecía un parto, un bebé, había comenzando a escribir, lo que me produjo una gran alegría.

En esa historia, mi niña interior afloró su amor al describir una situación complicada en la escuela. Ese cuento lo inscribí en varios concursos y ganó una mención honorífica del escritor Bryan Barreto[14]. También lo escogieron para publicarlo en una revista digital en Guatemala. Lo mejor fue que en la escuela lo recibieron con gran cariño. En ese momento me di cuenta de que había encontrado en la escritura una forma de expresión, que me alivió y me hizo experimentar el amor en contraposición al miedo.

Más adelante, ya separada de mi pareja, después de vivir toda

14 Barreto, Bryan. Escritor.https://www.instagram.com/bryan_tres/?hl=es

la rabia y dolor, escudriñando uno de esos videos por las redes, encontré a Francisco Giménez[15], creador de una filosofía de vida llamada CRP, que significa Círculo de Crecimiento Personal, corroboré lo que presentía, que ya me encontraba en el proceso de sanación, y pensé para mi sorpresa que, a pesar de todo, lo había transitado de manera rápida.

Él comentó en uno de sus videos, que para salir de la depresión por la pérdida o duelo solo basta con agradecer y recordar los momentos hermosos vividos, las experiencias compartidas, los aprendizajes alcanzados. Para lograr esto no se debe hacer desde la añoranza sino desde el agradecimiento y la convicción de seguir adelante porque la felicidad está en cada uno de nosotros.

De esta manera comencé a llenar mis días de colores, de oración, meditación, conferencias y un taller de Mindfulness que encontré en UDEMY[16]. Me habitué a agradecer al lado de mi hija, quien es también una maestra creadora. Gracias al impulso de ella decidimos mudarnos a un apartamento hermoso con buena vibra. Un lugar que inspira tranquilidad, paz y amor. Tiene un jardín lleno de geranios y por las mañanas nos despiertan cantos de pajaritos, son pequeños detalles que hacen mis días más coloridos con solo asomarse por la ventana.

El señor Luis, dueño del apartamento que arriendo, fue inmigrante en Estados Unidos. Trabajó arduamente durante diez años, para ahorrar y construir la propiedad donde vivimos. Ahora vive del arriendo de sus apartamentos. Es un ser amable y educado. Creo que las personas que han vivido la migración, así como cambios profundos en sus vidas, además de dolores fuertes por diferentes duelos, definitivamente se presentan como mejores seres humanos. ¡Es maravilloso encontrarlos! Me siento afortunada y agradecida por esto.

Cada vez que pago el arriendo, le doy las gracias al señor Luis por tener ese lugar hermoso para nosotros, por arrendarlo con

15 Gimenez, Francisco.

16 https://www.udemy.com/

cariño y sin discriminación alguna. Hay mucha gente hermosa en Cuenca. He aprendido en este caminar que debo enfocarme en la gente buena y minimizar a los que sienten desprecio por los venezolanos. De esos, quienes son pocos, que se encargue la vida. Tuve algunas experiencias negativas con ellos, pero no les daré fuerza aquí. Ya me desprendí de eso, lo solté. Eso lo aprendí de la técnica de Ho'oponopono ahora suelto y confío.[17]

Reflexionando sobre todo este proceso, corroboró también que el agradecimiento es la herramienta por excelencia que me llenó de bienestar en medio de situaciones difíciles, porque definitivamente me hizo darme cuenta de lo mucho que tengo en la vida. No es casualidad que haya escrito tantas veces agradecimiento en este libro. Hoy agradezco desde tener vida y hasta el simple hecho de poder respirar, todo lo agradezco.

Agradezco por: aceptar la responsabilidad de tener estudiantes, la oportunidad de ejercer mi profesión, el aceptar este proceso de duelo, que mi trabajo sea con jóvenes que esperan mi atención, servicio y enseñanza; todo esto me ha permitido moverme y salir de la cama en las mañanas.

Además, por supuesto que agradezco a los dos seres maravillosos que salieron de mi vientre, han sido a diario mi motor y considero que son dos maestros que me han enseñado cada día.

También me siento afortunada y agradecida por la familia que formé con ese ser humano que es el padre de mis dos hijos. No lo añoro, solo lo recuerdo, comprendo que aprendí tanto de él, de su forma de ser, su disciplina, disfruté su amor, hasta aprendí de los conflictos otro tanto, también de muchos viajes dentro y fuera de Venezuela. Él es otro maestro que pasó por mi vida para dejarme grandes enseñanzas.

Me costó mucho trabajo reconocer que el papá de mis hijos ha sido un maestro en mi vida. Ahora que lo veo plasmado aquí, sigo cerciorándome de mi sanación en soledad elegida y te doy

17 Ho'oponopono. https://www.webconsultas.com/belleza-y-bienestar/terapias-alternativas/como-se-practica-el-hooponopono-frases-y-mantras

las gracias por tu compañía querido lector, porque escribir estas vivencias también me ha traído sanación.

Otra situación que me empujó a tener presente el agradecimiento fue conseguir un programa de radio como locutora, en una emisora local. Algo que consideraba difícil a mi edad, por mi estilo diferente de hablar y expresar debido a que soy oriunda de un país con distinta cultura. Era un programa de corte romántico con un señor, excelente locutor, que tiene una voz que me hizo recordar las voces que escuchaba cuando niña, en aquellas emisoras de radio de mi pueblo, como La voz de El Tigre. ¡Como lo disfruté!

Cierto día me avisaron que mis compañeros de la radio, el locutor y el operador, ambos tenían Covid y estaban muy enfermos. Esa noticia definitivamente me condujo a elevar mi vibración con música y pensamientos positivos. No podía permitirme estar deprimida. Todas las noticias relacionadas con la pandemia ejercieron sobre mí un crecimiento precioso como ser humano. Tomé la decisión de dejar la radio. Me dolió dejar otra vez una de mis pasiones. La elección fue clara, ¡estar viva y con salud!, motivación suficiente para tener ganas de seguir adelante.

Esa experiencia en la radio me hizo conectarme con mi primer amor. Me lo encontré en facebook, intercambiamos números de teléfonos, comenzó a contarme la situación de mi país y a escucharme en uno de mis programas. Fue hermoso, recordamos nuestros temas musicales de aquella época de noviazgo en el liceo, época de los años '80, nos imbuimos en los recuerdos, fue mi primer novio, mi príncipe. Un amor que perduró en el tiempo con el toque amargo de lo que pudo haber sido y no fue.

Hubo un coqueteo, un reencuentro por mensajes y audios, una llamada, todo se fue apagando con el transcurso de los días. Ese amor lo intentamos salvar en varias etapas de nuestra vida, pero nunca pudo ser. Mientras le escribía, al mismo tiempo, me daba cuenta que sus hijos lo necesitaban cerca y que yo estaba en una etapa de sanación que necesitaba vivir en soledad elegida. Lo solté en mi pensamiento y corazón, le envié las mejores vibras, agradeciendo lo maravilloso que fue reencontrarnos y volver a sentir un amor limpio, sereno y auténtico.

Te comparto algunas herramientas y aprendizajes que me sirvieron en esta etapa de reconciliación y reencuentro con la vida:

- *El agradecimiento me ha centrado en lo que Sí tengo.* Lo he practicado al levantarte en las mañanas solo pensando en lo que poseo, que va desde un pequeño objeto, una persona o situación sencilla en la vida, hasta lo más complejo. Te invito a practicarlo, para mí ha sido muy efectivo.

- *La aceptación es una actitud maravillosa* para vivir el presente y avanzar en el proceso de duelo. Hoy la practico recordando los momentos bonitos y minimizando las situaciones negativas, entendiendo que lo que pasa es lo que es, y recordando que la vida está llena de cambios.

- *El amor siempre se contrapone al miedo.* Esta afirmación me ha servido para realizar una práctica diaria para sacar el amor que llevo dentro, eso me ha permitido vivir en paz en el lugar que estoy y, además, creo que es un poderoso tratamiento para curar todas las heridas. Inténtalo.

- *Creo que hay gente buena en todas partes,* hay que resaltarlos y honrarlos con agradecimiento, me ha servido enfocarme en lo positivo de su Ser y minimizar lo negativo de su hacer. Es una herramienta poderosa.

✅ *Estoy convencida de que las personas que nos rodean vienen a enseñarnos,* son maestros del camino. Darnos cuenta y asumirlo es el gran reto de la vida.

✅ *Para elevar mi vibración, me dispuse a escuchar música alegre,* la que más me gusta y conectarme con pensamientos positivos. Busca tu propia lista de canciones y disfrútalas.

¡Hoy día suelto y confío!

Capítulo V

Recuerdo de mi niñez: ¡Olor a hogar!

Otra parte preciosa de mi vida que recordé y quiero compartir contigo en este proceso de sanación, es el hecho de tener a mi mamá en casa. Así lo creo , cuando mamá está en casa hay magia, seguridad y olor a hogar. No pretendo menospreciar el rol de la figura paterna en la familia, quien también es fundamental en el desarrollo emocional de los hijos. En mi caso, adoro a mi papá y tengo hermosos recuerdos de él.

Me deleita más escribir sobre el hermoso rol de la mujer como mamá. Quizás impere en mí un feminismo encubierto, o machismo, o esa inquietud desmedida y personalista por el simple hecho de ser mujer, solo sé que me inspira esa imagen de la mujer madre y pilar en el hogar. Además, estoy convencida de que la presencia de mamá evitó un daño mayor en mi infancia y en mi vida de adulta, ya les voy a contar.

De niña estudié en horario vespertino, recuerdo que cuando regresaba del colegio, me encantaba pasar entre las sábanas tendidas en el patio con esa fragancia a limpio y escuchar a lo lejos el grito de mamá diciendo: "¡Me van a ensuciar las sábanas!".

Luego, al pasar a la cocina y percibir el aroma de esa llama de la estufa, me fascinaba aún sin hervir nada, sin olor a comida, solo ese fuego encendido. Eso quería decir que mamá estaba en casa. Es un recuerdo sencillo, que me llena de gran agradecimiento por tener la oportunidad de tener una familia y el privilegio de encontrar siempre a mi mamá en casa.

Indudablemente, la vida de una mujer no es nada fácil. Me refiero a la madre, la que se queda atendiendo a la familia. Así como también, esa madre que trabaja doble jornada, fuera y dentro del hogar. Hoy en día se habla mucho de roles compartidos en la pareja moderna. Pero para mí, la verdad es que lo que he visto en mi medio, es que la mayoría de las mujeres llevan a cuestas el trabajo que implica atender a los hijos, la casa y el esposo.

Si estas líneas las analizará un psicólogo, o algún especialista, a lo mejor pensaría que le doy prioridad a los hijos por encima del esposo, a quien nombré de último. Pues yo le diría que así lo quise hacer, nombrar al esposo de último. Ese ha sido un dilema real para mí y de la mayoría de las mujeres que he conocido. Me doy cuenta que he estado en la búsqueda del equilibrio, la perfección, ser la súper mujer en el cumplimiento de los deberes con todos. Allí sigue el dilema, ¿atender bien, primero al esposo o a los hijos?, así como también cumplir bien con todos los demás roles: casa, trabajo, madre, hermana... Además, de lidiar con el sentimiento de culpa que se me genera cuando una situación se sale de mis manos y he querido ser o actuar como la "mujer maravilla", para resolverlo todo y resulta que no he podido, ¡porque así no es! Reflexionando me doy cuenta que solo se trata de ser madre.

Me veo como un bello ser humano, en una constante lucha por dar todo lo mejor como persona en el pleno cumplimiento del deber, a través de los distintos roles que se me han presentado. Muchas veces, olvidándome de mí misma. Así me veo y honro a las mamás cuando están en la casa.

He sacado en conclusión que los hijos que han crecido en un hogar con la presencia de los dos padres son más seguros. Es decir, padres que dedican tiempo de calidad, y no de cantidad, a sus hijos; y que si tienen una mamá las 24 horas, no dudo que sea mucho mejor la crianza.

El punto para mí es que, definitivamente, la madre hace falta en casa, todo el día o en ese tiempo de calidad, para dar su atención, abrazos, consejos y hasta regaños a fin de poner límites en las situaciones que ameriten. Esa conexión que hay entre un hijo y su madre desde el vientre y luego cuando es amamantado es crucial para el desarrollo del niño. Todo eso se complementa con atenciones y compañía en todos los procesos de aprendizaje a lo largo de su vida.

Yo tuve el privilegio de contar con mi madre en casa y dejó huellas en mí memoria. Los olores, sabores, el calor de hogar, me dejaron una impronta que le ha brindado seguridad a mi niña interna y una enseñanza de vida en mi adultez.

Entonces pienso que, aunque sea difícil, es indispensable que la mujer asuma la importancia de su rol como madre. A veces, creí o te hacen creer que no vale la pena vivir el rol de madre con intensidad, sin embargo, te invito a vivirlo con la responsabilidad que amerita. Cuando tomes la decisión de tener un hijo, pienso que es necesario tomar en cuenta que, probablemente, amerita mucha dedicación y entrega. Ese hijo requerirá tiempo de calidad, mucho afecto y armonía interna.

Es un sinfín de situaciones esenciales, desde un clima familiar cálido que lo acoja, hasta que llegue el momento propicio para dejar el nido. Al volar, quizás, nunca olvide el calor de su nido y eso probablemente le provea equilibrio emocional, que puede llegar a ser crucial si la vida se le tambalea bajo alguna circunstancia. Esa es mi experiencia cuando viví la soledad impuesta.

Ojalá consideraras, desde mi punto de vista, la trascendencia de ser madre. Deseo que este mensaje te pueda servir, si en algún momento decides ejercer ese rol maravilloso, que exige compromiso cien por ciento: ¡Ser madre!

Las mamás que están en casa, probablemente, tienen tiempo para contar sus historias, leer cuentos a sus hijos. ¿Tu madre te leía cuentos? La mía nunca me leyó un cuento, pero me contó historias que avivaron mi imaginación. Hoy vienen a mi memoria las historias de Anita. Esas historias de cuándo Anita se sintió sola estando rodeada de mucha gente.

Capítulo VI

Historias de mi madre: Anita

Escribir estas historias en soledad forma parte de mi proceso de cura. Recordar las historias de Anita me reconcilian también con mi rol de madre.

Anita, mi madre, nació en un pueblo llamado Las Piedritas, cerca de Pariaguán, estado Anzoátegui, región norte de Venezuela. El suelo de ese pueblo tiene un arenal blanquecino donde crecen muchos árboles de merey, ciruelas y mangos. Se observan aún casas construidas de bahareque, y es costumbre escuchar muchos cuentos de camino. Esta región forma parte de la Mesa de Guanipa.

Anita cuenta su historia. Apenas recuerda que vivía en una casita de barro y comienza diciendo:

> ... Pelaba los ojos tempranito y me despertaba el canto del gallo, ya mamá andaba caminando porai, se escuchaba como arrastraba los pies, ya no veía bien, sin embargo, madrugaba a pilar el maíz para hacer las arepas, a veces pilaba plátanos y preparaba bola de plátano con ajonjolí tostado. Ese olor como aceite quemao despertaba mi estómago, me sonaban las tripas tempranito y me levantaba descalza.

> — *"¡Muchacha ponte unas cholas!"* —gritaba mamá. Así despertaba a Luisito, quien dormía conmigo, pero en el chinchorro. Luisito era mi hermano mayor, los dos vivíamos con mamá. Ella realmente era mi abuela materna, mamá de Petra, la mujer que me parió. A Petra casi no la veíamos, nuestra vida era jugar en el monte y comer lo que hacía mamá.

Luisito y yo corríamos a montarnos en la mata de guayabita, y competimos para agarrar más frutas. Yo era experta moneando, y siempre le ganaba al quedao ese. Mamá nos preguntaba si nos habíamos lavado la boca, yo le decía que sí, y agarraba un perolito y botaba lentamente el agua en el piso de tierra para que ella escuchara como si me lavaba, pero no lo hacía. Eso me divertía mucho, lograba engañarla. Ella ya había perdido la visión.

Un día estábamos jugando bajo un merey, hacía calor, el sol estaba candela como decía mamá, yo hice una muñequita con una rama, tenía su forma con brazos y piernas, la vestía con una hoja de merey. Luisito se burlaba porque no tenía cabeza, me decía:

> — *¡Sustooo, la muñeca sin cabezaaaa!* —Eso me molestaba, pero igual seguía jugando a que vestía a mi hija. De repente vimos que venía a lo lejos una mujer por el camino. Era Petra, mi mamá biológica, pero yo le decía Petra.

> — *¡Mamá, Luisito, viene Petra!* —Yo les gritaba con alegría. Sabía que nos traía algo. Era una bolsa de pan y azúcar.

Aquel día comimos en la tarde pan con guarapo de café, hecho en el fogón. Ciertamente el café de fogón tiene un sabor distinto, es ahumado, sabroso, y si tiene azúcar del pueblo sabía

> mucho mejor. Ya entrada la noche, las escuchaba discutir, mamá le decía:
>
> —*Deja a esa muchacha aquí, a mí no me pesa.*
>
> Escuchaba la discusión y en el fondo el sonido de los grillos. En mi cabecita, la de una niña de 8 años, preguntaba: ¿Me llevarían a pasear? ¿Qué habrá detrás del camino donde se pierde la paja pelúa?
>
> Así me venció el sueño, con una sonrisa, haciéndome ilusiones de un hermoso viaje que me tenían preparado, pero nunca imaginé que la doña Petra me tenía una gran sorpresa.

Anita le llamaba Petra a su mamá y le decía mamá a quien era su abuela. Petra era una mujer morena, de carácter fuerte, así les dicen a esas personas que no saben gestionar sus emociones y tienen como un mecanismo de defensa, una coraza. Se muestran duros, para evitar mostrar debilidad o sufrimiento.

Una noche se le ocurre a Petra enviarle a Anita, su hija, al papá. Un señor que ella no conocía, apenas aquella muchacha había escuchado de un hombre que era su papá. Una nueva experiencia para Anita y así continúa narrando:

> Amaneció como todos los días con el canto del gallo. No había ningún olor desde la cocina, se escuchaba un ruido como si alguien curucuteaba entre trastes, ropas, bolsas, fundas, y además un quejido, un lloriqueo, alguien llora. Era mamá, quien recogía unos vestidos, medias y aquel único par de zapatos, los metía en una bolsa, era mías aquellas cosas. Me le acerqué y me gritó:
>
> — *¡Muchacha que me asustas!* —Me tantea para pasarme la mano por la cabeza. Luego me dice con voz temblorosa— Anita, hoy te vas con tu papá.

¡Papá! Palabra vacía que resonaba en mi cabeza. ¿Quién será ese?

— *Yo no quiero ir* —respondí luego de unos minutos.

—Tienes que ir mija, allá te van a poner a estudiar, yo no tengo nada que darles, y tu mamá trabaja pa' el bocao de comida —continuó mamá.

Abracé a mamá fuerte, no quería llorar, pero tenía un tarugo en la garganta, yo no quiería ir, pensaba. No tardó en entrar Petra, me tomó de un brazo y me llevó a cambiarme, casi ni habló. Solo estaba apurada por salir de ese momento, que para todos era muy triste. En unos veinte minutos salimos de la casa, dejé a mamá triste, a Luisito ni lo vi, no sé dónde andaría. Enrumbamos el camino hacia la carretera negra, por donde pasaban carros. Petra me dijo solo estas palabras:

— *Es por tu bien, te portas bien* —Casi no escuchaba. Esa frase resonaba a lo lejos. En algunos instantes sentía alegría de salir con Petra, pero cuando recordaba a qué íbamos se me borraba la sonrisa.

Así llegamos a una casa grande del pueblo. Nos abrió la puerta un hombre alto, delgado moreno, llevaba un gran sombrero y enormes botas, intercambiaron pocas palabras, Petra solo le dijo:

—*Aquí está la muchacha* —y se fue, así, no hubo despedidas. Yo me sentía flotando, no estaba allí.

Al rato, me hizo pasar a la casa, había otros niños, muchos niños, creo que cinco o seis, se escondían riéndose. Yo solo veía la casa, era grande, tenía muebles, en casa de mamá no teníamos muebles, solo unas silletas como les decía ella. Me invadió una gran tristeza aquel olor de la casa, no era mi casa, me hacía falta el olor de mi hogar, de mi mamá y no tardé en soltar el llanto con el único consuelo de un señor que me decía a lo lejos:

—No llores, mira, tienes unos hermanos, ¿quieres comer?

Estaba sola en medio de aquella gente extraña. En ese momento llegó una señora muy bien vestida que impregnaba la casa con su perfume, educada, y con cariño me invitó a pasar a la cocina y llamó a todos los demás, de manera muy rápida preparó la comida, comimos y casi no pronunciaron palabras. Al terminar nos mandaron a jugar en el patio, era un corredor con algunas plantas, un piso brillante.

Los niños corrían de un lado a otro, se decían cosas al oído, yo no tenía ánimos de jugar, no estaba ahí, seguía flotando, era como un sueño del cual quería despertar. Así llegó pronto la noche, ¿dónde dormiría? ¿Qué harán Luisito y mamá? Solo mis pensamientos de casa me hacían contener el llanto. Llegó la hora de acostarse, la tarde pasó así sin nada que hacer. Se escuchaban los dos señores conversando, discutían, yo creo que era por mí, ojalá y decidan llevarme a casa, pensaba en un plan, y si… ¿no duermo y lloro toda la noche?, amanecería bien hinchada, no dejaría dormir a nadie y me regresarían a casa.

Así lo hice, lloré toda la noche, pero nadie escuchó, nadie preguntó. Al siguiente día nos levantaron temprano, me vestí tan rápido como pude, fui al baño y la señora me preguntó si me había bañado, rápidamente le respondí que sí, no era cierto, los otros niños ocuparon el baño en todo ese tiempo, apenas me dieron un espacio para cepillarme los dientes.

Después del desayuno, me dijo el señor que me llevaría a comprarme unos zapatos para ir a la escuela. Eso me produjo un poco de alegría. Unos zapatos. Tenía tiempo que no me compraban unos, realmente nunca había ido a una tienda de calzados. No sé qué hicieron los demás. Aquel señor de gran sombrero y orejas grandes me llevó en su carro a comprar zapatos. Era un jeep rústico, me costó subir al asiento delantero, era muy alto el estribo, sin embargo, como pude me monté en aquella aventura. Llegamos al sitio, me quedé asombrada con tantos calzados, justo vi los que quería, eran bonitos, negros, tipo bailarinas de muñecas, nunca tuve unos así, me atreví a enseñárselos y le dije:

— Estos me gustan.

No pude olvidar nunca aquella reacción, dijo: *—¡NO, esos no!, son estos que compraremos.*

Luego me midió unos zapatos de hombre, eran de niño, le respondí con voz altanera: *— Son de varón.*

No me hizo caso, esos fueron los que compró. Si había una pizca de alegría en mí, en aquel momento se desvaneció. Nos regresamos, no podía dejar de pensar en que no me pondría esos zapatos, mi rebeldía era como de aquellas potoquitas[18] que atrapábamos Luisito y yo. Pensaba en la paralatuta[19] que encerramos, ella no comió más, se quedó paralizada, ni cantaba desde que la atrapamos. Así me sentía, como un pajarito enjaulado, en mi mente seguía pensando en mi plan, esta noche lloraré más fuerte y un pensamiento en mi mente: "Que no crea él, que me pondré los zapatos esos horribles de varón".

---

18 Nombre de pájaro de la zona.

19 Otra ave de la zona

No recuerdo cuántos días pasaron, lloraba de noche y de día, apenas comía, la soledad me carcomía. Un día me preguntó el señor del sombrero muy molesto, si quería regresar con mamá. Sentí mi cara que cambió de repente, mi corazón latió más rápido y mi boca pronunció un sí que escuchaba como un eco. Intervino la señora y le dijo:

—Germán, llévala a su casa, se va a enfermar, no duerme llorando.

Pensé inmediatamente que el plan había funcionado, sí me escuchaban, la pizca de alegría volvió a mi alma, me iré a casa con mamá.

—Anita, mañana te llevo a tu casa, así yo no puedo, tú no colaboras — decía el señor de orejas grandes.

Enseguida pensé: "¿Colaborar con qué? ¿Qué querría decirme con eso? Pero no me importaba, solo quería ir a casa. Esa noche lloré obligada, no me salían las lágrimas, pero fingí que lloraba, no podían pensar que ya estaba bien, podrían dejarme aquí, esa noche soñé con mamá. En la mañana un susto me invadió, qué dirá Petra de que me regreso, será que me pega. Así con el corazón latiendo rapidito recogí mis cosas y no metí los zapatos, no eran míos, se los dejé al señor del sombrero para que se los dé a uno de sus hijos, total eran zapatos de varón.

El camino a casa fue en silencio total, llegamos y salté del jeep, corrí a abrazar a mamá, él bajó y le dijo a mamá:

—Es muy malcriada, llora y no obedece, se la devuelvo.

Mamá solo respondió: *—Bueno, está bien, gracias.*

Y se agachó a recoger unas mazorcas de maíz que estaban en el suelo para desgranar y echarle a las gallinas. Me dispuse a ayudarle rápidamente, se marchó el señor de orejas grandes y enorme sombrero. La alegría ya no era una pizca, era mucho mayor como un saco de ajonjolí. Mamá soltó unas carcajadas y dijo:

> *— Anita te saliste con la tuya, que bueno que estés aquí. tNo importa hija yo hablaré con Petra.*

Aquel olor entró por mi nariz y me impregnó el alma, el olor de mi hogar, llegó Luisito corriendo me llamaba:

> *— ¡Anita, Anita volviste! Ven a ver.* —Me llevó a ver unos pajaritos que había enjaulado, los saqué y eché a volar, y le conté que eso era malo porque así me sentía en aquella casa de pueblo; sola, triste, enjaulada, con un dolor en el pecho y una rabia que arrugaba el corazón, era como esperar la muerte. Luisito me escuchó y nunca más atrapamos pajaritos.

Estas historias de Anita me llenan de ternura. Mi niña interior abraza a Anita, mi madre. Le doy las gracias porque me hace reflexionar, pues en medio de mi soledad, tengo dos hijos, viven conmigo todavía y debo seguir manteniendo ese olor y calor de hogar hasta que vuelen.

¡Ah, el olor de hogar! Así lo creo, amigo lector, debo cultivar el hogar, darle ese olor característico que deja huella, nada más y nada menos que en la estabilidad emocional de mis hijos y seres queridos. Anita se pregunta hoy día qué hubiese sido de ella si se quedaba en aquella casa, esas personas que decidieron devolverla, ¿le hicieron un favor? O quizás, ¿se quitaron un problema de encima?

En fin, lo que yo concluyo de estas historias de Anita, es que sí le hizo falta su papá, sin embargo, con su mamá (abuela) y su "olor a hogar", con solo eso sumó una cuota de felicidad. Benditas las abuelas en la vida de los niños.

La frase "sin un papá" muestra una carencia, un vacío, que ningún niño debería sentir. Sin embargo, ella (Anita) tenía ese "olor de hogar" en casa de su abuela, aroma que de alguna manera llenaba ese vacío.

Reflexiono todo esto, ¿quién es adivino para saber si tendremos buenos padres? ¿Acaso escogimos el padre correcto para nuestros hijos? Me comentaba una compañera en estos días. Ya en este siglo todos deberíamos saber que un niño se debe concebir con el pensamiento de gran responsabilidad que acarrea darle seguridad emocional, darle "los olores", "los sabores", el cobijo y la protección del papá y la mamá.

Sin embargo, nadie está exento de situaciones de separación. Entonces, creo que debo curar mis heridas y seguir con el rol de madre, cultivando siempre el amor en la familia, evitando culpar a los demás y asumir con responsabilidad los cambios tal como lo hizo la abuela de Anita, con los recursos que tenía a la mano.

En diversas teorías de la personalidad se explica que hay mucha relación entre la niñez y la construcción de la personalidad del individuo. Todas las vivencias de la infancia, tanto físicas como afectivas, repercuten en el proceso de maduración de la persona. De llegar a tener alguna alteración durante este proceso de formación de la personalidad, quizás pudiera ser el punto de partida de alguna perturbación y hasta alguna enfermedad mental.

Entonces, me pregunto y te pregunto: ¿Qué estamos esperando para cuidar la niñez? Te invito a pensar en los niños que tienes a tu alrededor, reflexiona, ¿cómo podrías cuidar un poco más su niñez? Así es, un poco más. Creo que lo que hemos hecho hasta ahora no ha sido suficiente.

Pienso que lo hice bien en mi matrimonio, con sus altibajos como en cualquier relación, de igual manera ambos cuidamos a nuestros hijos, le dimos calor de hogar, y las veces que perdoné a mi esposo y él me perdonó, sólo queríamos mantener unida a la familia.

Espero que mis hijos tomen lo mejor de la experiencia vivida y sanen la influencia negativa de nuestra relación. Lo he conversado con ellos, creo que lo aceptaron y sanaron, o están en proceso de hacerlo. Eso es un gran aliciente para mi alma.

Me pregunto y te pregunto ¿Qué puedo hacer como miembro de la sociedad, para cobijar y sanar a los niños que tenemos cerca? Hoy un niño sano y feliz será el adulto del mañana, conformando una sociedad más equilibrada, justa y en paz.

Te comparto las enseñanzas que tuve al recordar estas historias:

- *Cultivar el olor y calor del hogar en la familia* para mí es muy importante pues creo le brinda seguridad a los hijos. ¿Qué piensas tú?

- *A veces no importa el tipo de constitución familiar que se tenga,* desde allí se puede buscar actividades que hagan del hogar un lugar acogedor con mucho afecto, a pesar de las circunstancias presentes. Y tú, ¿qué crees con respecto a este tema?

- *Recordar y escribir las historias de mi madre me ha generado mucha reflexión,* porque me hacen recordar el aporte positivo que ellas dan, incluso las abuelas, los adultos significativos y maestros en general, en la vida de mis hijos. Te invito a hacer esta reflexión en relación a tu propia familia.

- Muchas veces pienso que, así falte un miembro de la familia, *estan los otros familiares que pueden seguir dando afecto,* minimizando la queja de la ausencia y disfrutando el presente. Con respecto a este tema ¿cómo te conectas con ésto?

✅ *Pensar en lo positivo de mi matrimonio me hace ver que no hemos fallado como padres.* Porque hemos aportado en esas vivencias positivas que, hoy, se ven reflejados en la conducta de nuestros hijos ya adultos.

¡Gracias por acompañarme en estas reflexiones!

Capítulo VII

Un día en Cuenca de soledad inmensa

En la bella Cuenca he tenido días de soledad, pero uno en particular me marcó mucho. En el trabajo me enviaron a realizar exámenes de laboratorio para que el médico laboral los revisara. Asistí a la consulta médica en la escuela, la cual estaba bajo un silencio total muy atípico para ser un recinto donde normalmente hay muchos niños gritando y jugando, pero estábamos en plena época de pandemia. En ese momento, extrañé tanto el ruido que producen los niños y jóvenes. Me dio mucha nostalgia asistir a esa consulta médica en particular, transcurrió por turnos para evitar el aglomeramiento, con silencio solemne.

El médico, que era un chico muy guapo, revisó los exámenes y dijo que todo estaba bien. El colesterol un poco alto, por lo que me aconsejó que mejorara mi alimentación e hiciera ejercicio. Luego, me preguntó por la citología o el Papanicolau. Ahí recordé el tiempo que estuve planificando esa evaluación y nunca fui al ginecólogo. Ya habían transcurrido tres años desde que migré, y creo que ese chequeo médico faltante me alertó. Lo volví a conversar con mi amiga Mariela quien me dijo: "Desde que te conozco estás por ir y nada que vas". Eso me hizo pensar que cuidarse cotidianamente también era importante. Comprendí que es una conducta que refleja alta autoestima, y gran cantidad de amor propio. Comencé a darme cuenta que ahora estaba sola y contaba con más tiempo para mí, así que de inmediato agendé la cita.

Me tocó una doctora venezolana, quien se sorprende al ver mi vulva y me toma una foto. Una mancha rosácea y otra más blanquecina rodeaban mis labios menores. Me preguntó si me había visto. Me había olvidado de mis partes íntimas. Sólo mantenía el hábito de higiene, pero de ahí a observarme, ni me pasaba por la mente. Eso es algo que también encendío mis alarmas. Pienso que debía estar más atenta a todos los aspectos de mi cuerpo. Reflexiono y comparto contigo que no importa del género que seamos, siempre debemos estar atentos a nosotros mismos, a todo nuestro cuerpo, mente y espíritu. Para mí, hoy día, eso significa amarse.

La doctora me indicó una crema, me dio la orden para la mamografía e hizo la citología. Al tener los resultados volví a pedir otra cita, mas no me tocó con la misma doctora. La especialista quién me atendió me dijo que parecía que tenía vitiligo, y agregó que iba a esperar a ver si crecía para tomar biopsia. Ese "esperemos a ver si crece" me generó inquietud. ¡A ver si crece! Esa frase retumbó en mi cabeza. "¿Crecer más?", pensé inquieta.

Conversé nuevamente con mi amiga. Ella me recomendó un centro médico de damas salesianas donde las consultas son populares. Me estimuló ir a solicitar una segunda opinión médica, y la doctora, otra venezolana, me atendió y me dijo que en esa zona no se espera, se debe tomar muestra para biopsia de manera inmediata. Con susto en el pecho, tomé mi nueva cita, y al llegar la fecha sentí un frío en el estómago cuando recordé lo que me dijo: "Te dolerá un poco". En ese momento rememoré el dolor de mis dos partos, pero inmediatamente me tranquilizó pensar que ese dolor no podía ser más fuerte que mis experiencias de alumbramiento. Estaba ahí sola. Y lo reafirmé asintiendo con la cabeza cuando la doctora me lo preguntó explícitamente.

Ya estaba lista, fue el turno de desvestirme y, con valentía, subí a la camilla ginecológica, separé mis piernas y confié en esa mujer. La doctora conversó todo el tiempo para distraerme, pero solo logró que pensara que esto pasaría pronto. "Todo pasa", era mi pensamiento recurrente. Colocó anestesia local y procedió a hacer el primer corte de la piel. Fue una sensación desagradable, como una herida de cuchillo en el dedo, pero con mayor intensidad por lo sensible de la zona, fue rápido, pero aún faltaba otro corte del otro lado.

Respiré profundamente y pensé en la rapidez del primer corte. Sentía como la sangre brotaba, ella contenía con apósitos y esperó para hacer el otro corte. Cuando dijo: "Voy", sentí un ardor profundo. Pude imaginar que me cortaba, como tasajeando esa parte. Pensé en ese momento, que no fue como un dolor de parto, fue algo distinto, agudo e intenso. La doctora se demoró, le costó hacer los cortes pero, al final, lo logró. Fue la sensación de tranquilidad más generosa que pude recibir en aquel momento.

Luego, una sorpresa, algo que no me había dicho. Ella debía cauterizar la zona de muestra para sellar la herida. Fue un dolor escalofriante que jamás había sentido, quemante, corría y subía por la pierna entera. No podía evitar moverme mientras practicaba la cauterización, ya que el dolor me hacía reaccionar. Mi mente ordenaba que me relajara, porque pronto todo pasaría. Salí de ahí con mi muestra para la biopsia, al dejarla en el lugar indicado, salí casi corriendo, tomé un taxi y lloré sin mas, mis lágrimas se sentían con permiso para salir y sacar todo el desagrado que pasé. Todo ese proceso transcurrió en dos horas aproximadamente, dos largas horas.

Ahí estaba, otra vez, sola. No había nadie que me esperara. Al llegar a casa, me senté a escribir. No quería levantarme, las ganas de orinar me perturbaban. Sentí cierta molestia. Tuve la sensación de que aún la sangre caliente corría por mis glúteos. No quise ver.

Mi hija, al llegar del trabajo, me preguntó la razón de mi silencio y rompí a llorar al contarle lo que sentía. Durante la charla sentí mi real desahogo. Los ojitos de empatía de mi hija me llenaron de ánimo para ir al baño y darme cuenta que no sangraba, todo estaba en mi mente. Ya estaba bien, solo sentía un poco de molestia y nada más. En ese momento me quise mucho mas.

Después de todo, me tocó esperar los resultados. Por recomendación de mis hijos comencé a leer el libro El poder del ahora de Eckhart Tolle[20] . Un bello libro cuyas reflexiones ahora me acompañan día a día: Me ha enseñado a observar mis pensamientos, separar el Ser de la mente y pensar de manera optimista. Para mí, es una cosa compleja, pero gratificante, el poder pensar de manera positiva cada día, viviendo el día a día en el presente.

También, comencé a realizar cursos de Mindfulness2 y me enseñaron a practicar esta filosofía de vida, en toda mi rutina diaria, lo que me ha mantenido en el aquí y el ahora, sin angustiarme por el pasado y/o el futuro, disfrutando solo el presente.

Una mañana, estando en una de mis clases virtuales, recibí la llamada de la doctora patóloga encargada de analizar la muestra para la biopsia. Esa llamada me pareció muy extraña. Mi corazón comenzó a latir fuerte cuando me dijo que debía enviar la muestra a otro laboratorio, para descartar otro diagnóstico, agregó que no me preocupara, porque solo era para estar segura. Preguntó si estaba de acuerdo en pagar el nuevo análisis. Mi respuesta rápida fue que sí, lógicamente, le increpé que me ayudara con el diagnóstico definitivo. La doctora sospechó la presencia de una lesión maligna, pero gracias a dios el resultado fue negativo, descartando el diagnóstico de malignidad.

De esta experiencia aprendí que:

> ✅ *El amor propio se expresa con el cuidado de sí mismo,* cuidar la salud, cuerpo, mente y espíritu. ¡Te invito a hacerlo!

---

20 Tolle, Eckhart. El poder del ahora, en audiolibro.https://www.youtube.com/watch?v=yp7reP0Tbtc

✅ *La práctica del Mindfulness*[21] *me permite concentrarme en el momento presente,* es un método para conseguir la atención plena, aceptando el ahora y evitar la angustia de pensar en el futuro. Es un buen cambio, probarlo no te hace perder nada.

✅ *Pensar con optimismo no significa ignorar las situaciones desagradables,* al contrario, significa enfrentar lo desagradable de la manera más positiva posible. ¡Esa es una actitud valiosa y no cuesta dinero! Atrévete a que sea parte de tu vida.

21 Curso de Mindfulness https://www.udemy.com/courses/search/?q=mindfulness&src=sac&kw=mind

Capítulo VIII

¡Más consciencia!

Todo este proceso de duelo y adaptación lo he vivido llenando mis días de agradecimiento, aceptación, aprendizaje y viviendo el aquí y ahora. Aceptando lo que me ha tocado vivir, amando mi nueva vida con todas sus consecuencias. Como dice Yesmin Sánchez[22] en el título de su libro ***Feliz donde sea.***

Aproveché este tiempo para escribir, para llenarme a diario de mensajes y afirmaciones positivas y amando mi cuerpo. Hasta la rutina de ir al mercado a comprar los alimentos lo estoy haciendo con consciencia. Mi alimentación y hábitos están cambiando, ahora son más saludables. Disfruto la comida ecuatoriana. He hecho mezclas de culturas en casa. En el lugar donde vivo hay calor y olor a hogar.

Estoy viviendo un proceso de aprendizaje constante, de sanación y me siento en paz. Tengo grandes deseos de ayudar a los demás. He compartido un par de charlas sobre Mindfulness que me han hecho ver la cantidad de personas que necesitan sanar, así como yo.

Quizás sea una locura tomar de cada una de las corrientes como: Ho'oponopono, Círculo de Realización Personal (CRP), Mindfulness, las enseñanzas de Buda, Zen y de Jesús Divino Maestro, quien ha sido amigo fiel y de quién he reflexionado un poco más

22 Sánchez, Yesmin. https://www.instagram.com/sanchezyesmin/?hl=es

después de leer *El poder del ahora*. No es una mezcla, es que cada uno me aporta conocimiento, aumento de consciencia, armonía, paz y reconciliación, además encuentro coincidencias en todos estos aprendizajes.

Una similitud que hay en todas estas filosofías de vida es que hacen el llamado a las personas a dejar de ser víctimas y llenarse de amor. De esta manera he podido alcanzar el bienestar buscado. Del CRP[23] practico el disfrute de lo que me gusta, comenzando con todo lo sencillo que percibo al abrir los ojos, es gratificante. En consecuencia, puedo enfocarme en lo que me gusta desde que amanece, me doy cuenta que ahora disfruto más los días. También estoy realizando afirmaciones diariamente como estas: "¡Estoy donde estoy, y estoy bien!", ahora es mi práctica cotidiana.

Conocer todas estas enseñanzas me han ayudado a vivir más consciente. Cada quien se cura con lo que más le resuena. Te invito a descubrir ¿cuál te sirve a ti? A mí me ha resultado revisarlas todas y practicar lo que llama mi atención y resuena de cada una. Por ejemplo, en mi experiencia, limpiar con Ho'oponopono me permite conectarme con la divinidad y siento que me lleno de paz. El solo hecho de repetir: "lo siento, perdóname, te amo, gracias", aumenta mi vibración y me evita tener pensamientos de tristeza.

Del agradecimiento que habla Louise Hay[24], comprendí que al realizar los ejercicios diarios para identificar las cosas por las cuales estoy agradecida, me conecta con lo mucho que tengo y minimiza lo que me falta. No solo agradeciendo por cosas materiales, sino también por personas, situaciones y experiencias, es decir, vivir con actitud de gratitud.

También, ahora veo mi pasado de otra manera. Mis amores. El primer amor, "el fascinante príncipe", cuando él aparecía pro-

---

23 CRP.http://jorge-palacios.com/reflexion/el-circulo-de-realizacion-personal-crp-irculo-de-realizacion-personal-6-estrategias-poderosas/

24 Hay,Louise. https://www.youtube.com/watch?v=JmufZaQcYMQ

vocaba en mí que brillaran los colores que percibía de la vida. Mi primer esposo, un ser noble de bellos sentimientos, padre de mi primer hijo, quien me dejó de herencia un gesto de cariño, que en mi hogar llamamos "conejuras". Mi segundo esposo, hombre inteligente, maravilloso médico, el de los mejores abrazos, padre biológico de mi hija y padre de crianza de mi hijo mayor. Los honro a todos, me perdono por no haber podido tenerlos felices a mi lado y les agradezco por ser maestros en mi vida. ¡Gracias!

Todavía, en las tardes y en los días domingos, la nostalgia quiere acompañarme. Sigo extrañando mucho a mi familia que se encuentra en Venezuela. Hoy percibo que hay un inmenso camino por recorrer y aprender. Continúo cultivando mi ser para vivir consciente.

Observo mis pensamientos, los mantengo en vigilancia. Trabajo, leo, escribo, oro, hago el rosario en un grupo de gente maravillosa, medito, mi alimentación es más saludable, y apoyo a mis hijos. También hago ejercicios para modelar mis músculos, porque el tatuaje ¡va!, para que mis brazos bien definidos me recuerden mis avances.

Quiero seguir despertando. Estoy disfrutando de mi soledad y aprendiendo. Ahora, a la soledad la elijo y la gozo mucho en mi presente. Realicé otro cambio en mi aspecto externo, me corté mi cabellera que me acompañó durante años. Entendí que tener el cabello largo, rizado y abundante en días atareados, con este clima lluvioso y húmedo donde vivo, me resultaba casi imposible mantenerlo arreglado. Fue una sensación extraña, una decisión para estar más cómoda. Agradecí por mi hermoso cabello y asumí con valentía otro cambio. Cuando me duché por primera vez con el cabello corto pensé que los hombres son más felices al tener ese estilo de corte. Es un relax lavarse el cabello tan fácil y rápido. Aunque parezca algo trivial, significa mucho para mí el poder asumir cambios y tomar decisiones en la soledad que elijo.

Pasamos en casa el covid, después de dos dosis de vacuna. Afortunadamente no tuvimos tanta dificultad para respirar, el síntoma más desagradable, para mí, fue perder el olfato y el gusto. También, fueron intensos los dolores musculares del cuerpo, en especial en la espalda. Lo más difícil fue trabajar con un gran malestar; sin embargo, agradezco mucho que en esa semana la conexión con los estudiantes fue de manera virtual, por el elevado número de casos de covid en la ciudad de Cuenca, luego de las festividades decembrinas.

Ya he superado las etapas del duelo. Ahora me siento feliz, a pesar de tener algunas molestias en mi estómago, me siento bien emocionalmente. La felicidad no se trata de estar alegre todo el tiempo. Es esa alegría que viene de adentro, de saber que estamos en este mundo para vivir en abundancia. Vivir disfrutando todo, desde las pequeñas cosas.

En la parte profesional, he pensado en dejar la educación, debido a que aun me ha costado gestionar el estrés y frustración de pasar de dar clase de manera presencial a virtual, y luego híbrida. Sin embargo, no lo he concretado porque los jóvenes a quienes atiendo me llenan de energía y alegría, son unos chicos maravillosos que me enseñan día a día, y es parte de afrontar los cambios con valentía.

Han sido muchos cambios. Soy humana. En pleno momento que decido disfrutar de mi soledad elegida, cambia todo el sistema educativo. Me frustra un poco la permisividad que hay que tener porque estamos en pandemia, por falta de conexión de internet, entre otros problemas, que hace que, como docente, me cuestione si estoy educando de verdad. Toda esta incertidumbre a nivel profesional repercute en mi parte personal, sintiéndome muchas veces desmotivada. Sin embargo, en las redes sociales me topé con una maravillosa psiquiatra española, Marian Rojas Estapé[25], que enseña cómo conocer el funcionamiento de la mente ante los avatares de la vida. Su mensaje me ayudó a no sentirme tan desconcertada cuando mi mundo emocional estaba tambaleándose.

25 Rojas E, Marian: https://www.youtube.com/watch?v=TjqrualxgkI&t=1241s

Ella me introdujo en el mundo de las neurociencias. Me enseñó a tomar consciencia de que la oxitocina (hormona de los vínculos humanos) y el cortisol (hormona asociada al estrés y el estado de alerta), ahora al identificar su presencia, pasaron a ser muy importantes en el funcionamiento habitual de mi cuerpo.

Ella afirma que si bien es cierto que las hormonas influyen en mi conducta, no determinan mi comportamiento. Yo sigo pensando que es importante conocerlas para hacerme consciente de quién soy. Para mí ha sido muy positivo que los profesionales de la salud mental estén activos en las redes, creo que han sido de gran ayuda para muchos como yo.

He continuado con mi proceso de sanación procurando aumentar mi hormona de oxitocina diariamente. El sentir empatía, ayudar al otro y abrazar, me ayuda a liberar la oxitocina que me reduce el cortisol. Aunque mi día a día está lleno de estrés, busco la manera de reír, soltar las situaciones complejas, amar y amarme así como ayudar a otros. Estos son los verbos que llenan de ilusión mi día a día. Cada vez que llego a casa para ver a mis hijos, genera en mí la dosis perfecta de oxitocina. Por todo este conocimiento compartido, agregué a Marián Rojas Estapé a mi lista de maestros de sanación. También, hace poco mi hija me regaló uno de sus libros, que definitivamente ha sido lo mejor que he leído recientemente. Considero que conocer cómo funciona el cerebro es clave para gestionar el estrés.

Para finalizar, te cuento que estar consciente de mi presente, de mi alimentación y de mi propósito de vida ha sido "el tronco" que sostiene todo este proceso de sanación. Es maravilloso aprender, practicar y soltar.

Te comento, hicimos una visita inesperada a mi núcleo familiar. Eso nos trajo una reflexión para que mis hijos y yo trabajemos juntos. Nosotros conversamos sobre todo el crecimiento personal que nos ha traído esta migración. Pensamos en juntar nuestros talentos y crear el emprendimiento Tercera Voz, que es una comunidad que invita al autoconocimiento y la ayuda a otras personas desde diferentes perspectivas. Estar conectada todo el día con contenido de crecimiento personal me hizo estar más consciente de que quiero compartir, de lo que estoy aprendiendo.

Trabajar junto a mis hijos me ha dado otra oportunidad para agradecer. Son adultos con ideas creativas, además cuestionan y deciden. Es una etapa diferente en nuestras vidas, porque ya no dependen de mí, dependemos todos de todos, somos un equipo.

Al inicio del mes de enero del 2022 escribí mis metas. Una de ellas fue realizar una formación sobre narración de audiolibros. Encontré que en Miami hay una empresa fundada por un venezolano y su esposa colombiana, llamada Voces de Marca. Gente de renombre en el negocio del manejo y talento de voz. Así inicié el año 2022, aprendiendo la narración de libros. Desde entonces, hemos hecho una lista con los materiales que necesitamos para un estudio de audio en casa. Paso a paso hemos ido comprando los equipos y por fin iniciamos con algunas grabaciones. Mi hija Bárbara y yo nos deleitamos grabando. Mi hijo Raelvi se encarga de la parte de edición. Comenzamos este nuevo camino en Tercera voz, porque hacer lo que nos gusta y ayudar a los demás es una ilusión que nos mueve a trabajar desde temprano en la mañana.

Continuo en la educación porque creo que todavía puedo aportar más, más aun cuando regresamos a la asistencia presencial. Ver a muchos jóvenes felices de volver al colegio me motivó a continuar, allí vivo experiencias maravillosas porque veo cómo se forma el Ser para la vida. Las aulas son espacios de formación donde ocurre magia, una que solo yo como profesora disfruto y vivo en privado. Ese es mi aliciente en este sistema educativo.

¿Sabes? Con todo este recorrido sobre mi soledad, para mí ha sido más cura que locura. Estoy viviendo en una soledad elegida, sin pareja, pero con la compañía de mis hijos, mis estudiantes, la gente que viene y va dejando en mí aprendizajes. Considero que la vida es maravillosa.

Te voy a contar brevemente cómo le he sacado provecho a la soledad hasta lograr disfrutarla y sanarme:

- *Hoy disfruto la soledad elegida,* pues me ayudó a comprender la vida fuera de toda programación.

- *Le saco el jugo a todas las enseñanzas* de los grandes maestros que se me presentaron entre libros, personas y videos para nutrirme de experiencias y sabiduría.

- *Aprendí a pedir y aceptar ayuda* de manera oportuna.

- Al volver mi mirada hacia adentro y encontrar de nuevo el sentido a mi vida, *logré sanar mi niña interior.*

- Para mi, *hoy es muy importante "alimentarme" de asuntos espirituales* como son: rodearme de compañía alegre sin crear apegos; practicar la sensibilidad con la música; disfrutar de una buena lectura, videos y audios que me ayuden a crecer; mantener mi conexión con la naturaleza y conmigo misma; perdonar, aceptar y avanzar con lo que hay y donde sea. ¡Respondiendo, ante todo, con amor!

- Vivir conscientemente en *la soledad elegida significa para mí Ser y Estar* en presente con todo lo que tiene. Pienso que esto es tener mayor consciencia.

Finalizo este libro con una honda respiración, acompañada de un suspiro y un profundo agradecimiento por Ser, Amar, Estar, Vivir, Sentir, Servir y Escribir.

Ahora decido escuchar y tararear una estrofa del legendario tema musical de Louis Armstrong, What a Wonderful World:

"Veo cielos azules y nubes blancas.
El brillo de un día bendito.
La oscuridad de la noche sagrada.
Y pienso para mí mismo:
¡Qué maravilloso es el mundo!...

¡Gracias!

www.ingramcontent.com/pod-product-compliance
Lightning Source LLC
LaVergne TN
LVHW091222150826
845673LV00003B/969

* 9 7 8 9 8 0 7 8 0 4 2 4 0 *